“科学心”
系列丛书

大洋深处的探戈

玩转航海

“科学心”系列丛书编委会◎编

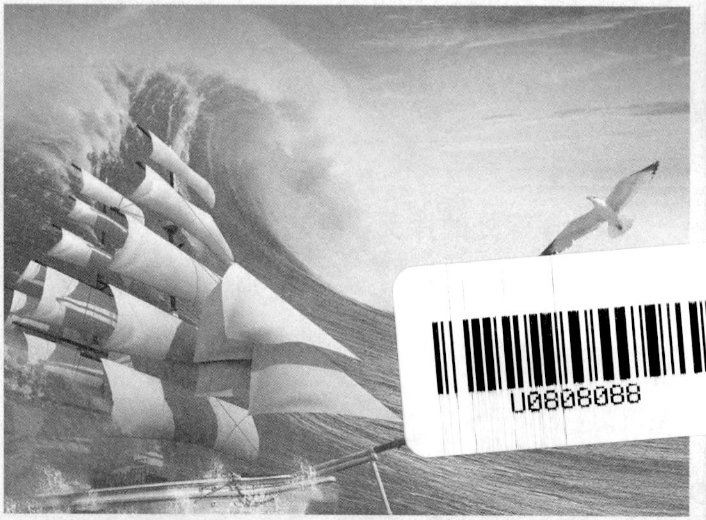

合肥工业大学出版社
HEFEI UNIVERSITY OF TECHNOLOGY PRESS

图书在版编目（CIP）数据

大洋深处的探戈：玩转航海/“科学心”系列丛书编委会编．—合肥：合肥工业大学出版社，2015.10（2021.6重印）

ISBN 978－7－5650－2463－4

Ⅰ.①大…　Ⅱ.①科…　Ⅲ.①航海—交通运输史—世界—青少年读物　Ⅳ.①F551.9-49

中国版本图书馆CIP数据核字（2015）第239910号

大洋深处的探戈：玩转航海

“科学心”系列丛书编委会　编　　　　责任编辑　张惠萍　程玉平

出　版	合肥工业大学出版社	版　次	2015年10月第1版
地　址	合肥市屯溪路193号	印　次	2021年6月第3次印刷
邮　编	230009	开　本	889毫米×1092毫米　1/16
电　话	总　编　室：0551－62903038	印　张	14.5
	市场营销部：0551－62903198	字　数	223千字
网　址	www.hfutpress.com.cn	印　刷	安徽芜湖新华印务有限责任公司
E-mail	hfutpress@163.com	发　行	全国新华书店

ISBN 978－7－5650－2463－4　　　　定价：35.00元

卷首语

说到航海，主要就是研究船舶如何在一条理想的航线上，从某一地点安全而经济地航行到另一地点的理论、方法和艺术。

古代航海只能算是一种技艺，那时的航海者在海上总是保持与岸边比较近的距离航行，通过他们能够看到的陆地特征来判断航向是否正确。

15 世纪初航海技术才逐渐发展为技术，此时的人们开始利用指南针、罗盘、天文钟等航海仪器。而到了 19 世纪中叶，它的科学形态逐渐得到完善。

让我们一起走进本书，踏着历史的浪花，舞起大洋深处的探戈，玩转航海世界吧……

目 录

千帆竞渡——大航海时代航海技术

纵横驰骋——现代航海技术

如在云梦——古代航海技术

远渡重洋——近代航海技术

千帆竞渡

——大航海时代航海技术

大航海时代，又被称作地理大发现，是 15 世纪末到 16 世纪初，由欧洲人开辟横渡大西洋到达美洲、绕道非洲南端到达印度的新航线以及第一次环球航行的成功。大航海时代是人类文明进程中重要的历史之一。在这个时期，人们对于帆船的利用越来越广，中国更是制造出令世人震惊的宝船。中国著名航海家郑和带着数千只各类帆船七次下西洋，而欧洲人利用帆船开始追求各种利益和发现殖民地，抢夺各类资源和黄金、土地。在这个时期，人们熟练地掌握了指南针、罗盘、星盘等导航仪器，能够航行到新大陆。利用天文钟掌握季节和时间的变化，运用海图技术画下航行路线以及礁石、大陆的位置，建筑灯塔利于远航归来的船队及时看见回家的航路，躲避海上猖獗的海盗活动。这是一个帆船的时代，也是一个令无数人激动的探索海洋的时代。

郑和下西洋——宝船

◆庙岛显应宫的宝船模型

明永乐三年，明成祖命郑和率领由 240 多艘海船、27400 名士兵和船员组成的庞大的远航船队下西洋。其中宝船是郑和船队中最大的海船，是明时期中国造船工匠结合之前历代的造船成果，制造的中国航海史也是世界航海史上最为巨大的木质帆船。宝船之“宝”既有物质性的内容，如宝船所载皇帝赏赐各国的珍贵礼品及朝贡贸易的精美商品，对外国君民来说都是宝物；又能带回外国首领所赠的珍奇动植物、礼品及郑和船队从各地采购的当时中国稀缺的手工业原料、草药、农作物种子等，对中国来说也是宝物。因此宝船就是载宝之船，是开创海上丝绸之路的船。

宝船

宝船是郑和下西洋船队中最大的海船，是明时期中国造船工匠结合之前历代的造船成果，制造的中国航海史也是世界航海史上最为巨大的木质帆船。它在船队中的地位，相当于今日大型舰队中的旗舰，为整个船队的主体船舶。明人祝允明在《前闻记》“下西洋”条中所说的“如清和、惠康、长宁、安济、清远之类”的船名，很可能就是这种宝船。郑和船队中的巨型宝船，主要建造于南京宝船厂。据郑和随行人员巩珍的目击纪实，

◆宝船图

◆郑和宝船

说这种宝船“体势巍然，巨无与敌”，但没有言明宝船的实际尺度。另据《明史》等有关史料所载：“宝船尺度最大者，长四十四丈四尺，阔一十八丈；中者，长三十七丈，阔一十五丈。”宝船上的航行设施也不同于一般，据有关资料称，大型宝船设有九桅、张十二帆，其“蓬、帆、锚、舵，非二、三百人莫能举动”。1957 年 5 月，在南京下关三叉河附近中保村的明宝船厂船坞遗址中，出土一根巨型舵杆，全长 11.07 米，据舵杆上原有的榫孔测算下来，这支舵的舵叶高度为 6.25 米左右。由此足见一斑。

按照英国学者米尔斯推算，宝船排水量为 3100 吨，可载重 2500 吨。而根据国内许多专家学者按照造船原理和中国式木帆船营造法式将宝船复原后，核算最大号宝船满载排水量约为 22848 吨，这应该是目前比较真实的数据。如此巨大的木质船只，依然可以顶住印度洋的狂风恶浪。相比之下，对于同个时代的西方国家，其木

◆郑和宝船与哥伦布航船相比假想图

质帆船始终没有超过 10000 吨，而且船首容易下沉，严重影响航行性能，甚至会导致风暴中船只解体。关于宝船的船型，如考虑到南海与北印度洋波涛汹涌和气候恶劣等条件，郑和宝船当是擅长于远洋航行“其底尖，其上阔”的尖底船型。宝船的建造技术说明了我国的造船工艺曾经很好地解决了船体强度和木材榫接的问题，让世人不得不佩服我国古人的伟大智慧。

郑和下西洋

明朝永乐年间，明成祖朱棣有着好大喜功的个性，当他奋力增强国力的时候，更想要建立一个天朝大国，向异域各国显示中国的富强，以满足他的强烈虚荣心。另外，由于朱棣是从皇太孙手中抢过皇位，于是他想通过扬威海外来缓和国内一部分的人对他武力夺取地位的不满，所以朱棣命令郑和下西洋，出使各国，宣扬国威并迎接来使，总共进行了七次下西洋的航海活动。为了准备下西洋的航海，明成祖朱棣调动全国巨大的财力和人力支持，召集全国上下技术最为高超的船工，建造了历史上著名的宝船，并且建造了许多其余船只。整个舰队庞大无比，令世人震惊。

◆郑和下西洋航海图

其他国家的学者根据历史发现，郑和舰队是当时世界上最强大的海上特混舰队。在郑和七下西洋的二十八年中，路途中间曾经遇到过海盗，以及各国之间纠纷问题，但是真正意义上的对外战争仅有锡兰一次，而且是在被迫无奈的情况下进行的防卫性作战。郑和在第一次下西洋中遇到爪哇国内战，被无故牵扯损失了一些人员，但郑和不但不动用武力，而且不要赔偿，充分体现了郑和是传播和平的使者。现在看来，郑和传播的是“以和为贵”的中国传统礼仪，以及“四海一家”“天下为公”的中华文明。

◆郑和下西洋船队

郑和下西洋航海活动展示了明朝前期中国国力的强盛，中国的海军纵横西洋，万国朝贡，盛世追迹汉唐；加强了中国明朝政府与海外各国的联系，给南洋、西洋各国带来了经济实惠；由于郑和下西洋的政治目的大于经济目的，全部的开支都依赖明朝强大的国力来支撑，没有对中国带来什么经济实惠，于是，明朝全盛时期过后，再也没有雄厚的经济实力来支持这项庞大的工程了，下西洋航海活动随之停止。就其活动的性质来说，郑和率领的庞大船队，既不是一般的商船队，也不是一般的外交使团，而是由封建统治者组织的兼有外交和贸易双重任务的船队。

名人介绍——航海家郑和

郑和，小名三保，本姓马，云南昆阳州（今昆明市晋宁县）宝山乡和代村人。由于信仰伊斯兰教的原因，幼年时的郑和已开始学习伊斯兰教的教义和教规。郑和父亲与祖父均曾朝拜过伊斯兰教的圣地麦加，熟悉远方异域、海外各国的情况，郑和本人也在航海时派遣一支船队进入麦加朝觐。从父亲与祖父的言谈中，年少的郑和已对外界充满了强烈的好奇心，而父亲为人刚正不阿、乐善好施、不图回报的秉性也在郑和的头脑中留下了抹不去的记忆。明朝统一云南战争后，郑和被带到南京，受阉，做了宦官后被分到北平，转入燕王府侍候朱棣。正是这个机会，使得年少的郑和在朱棣身边长大，跟着朱棣南征北战，是“靖难之役”的有功之臣，并被朱棣视为心腹。更为重要的是郑和懂兵法，有谋略，英勇善战，具有军事指挥才能，使得朱棣认为郑和是下西洋航海的最佳人选。在经历了七次下西洋航海活动后，郑和在宣德八年四月于印度西海岸古里去世，赐葬南京牛首山。他不仅仅是一个伟大的航海先驱，更是中国与各国之间的友谊使者。

◆郑和铜像

中国航海经验体现——郑和船队编制

◆战船模型

郑和下西洋的船队是一支规模庞大的船队，完全是按照海上航行和军事组织而编成的，在当时世界上堪称一支实力雄厚的海上机动编队，而郑和是就这只舰队的海军司令或海军统帅。在郑和下西洋的船队中，有五种类型的船舶。第一种类型叫“宝船”，是当时世界上最大的船只，体式巍然，巨无匹敌；第二种叫“马船”，长约123米，宽50米；第三种叫“粮船”，长约93米，宽40米；第四种叫“坐船”，长80米，宽约31米；第五种叫“战船”，长60米，宽约23米。可见，郑和所率领船队的船只，有的用于载货，有的用于运粮，有的用于作战，有的用于居住，分工细致，种类较多。我们可以说，郑和的船队是一支以宝船为主体，配合以协助船只组成的规模宏大的船队。

◆坐船模型

郑和船队人员主要有五个部分：指挥部分、航海部分、外交贸易部分、后勤保障部分、军事护航部分。指挥部分是整个船队的中枢，对航行、外交、贸易、作战等进行指挥决策。郑和的职务是钦差正使总兵太监，负责整个指挥部门。其他还有航海部分提供航行服务、修船人员、预测天气等；在到达每一个港口或者国家的时候，就有专业的外交贸易人员负责外交礼仪、进行贸易和联络翻译；在整个舰队航行过程中有众多的水船和粮船负责后勤保障部分，包括管理财务、后勤供应、起草文书和医务等；如果发现海盗以及各种意外冲突的时候，就需要军事力量进行防卫，并且反击。各国学者从对郑和船队人员组成以及舰队航行阵型中得出，郑和下西洋是一次巨大的航海活动，其编制是完善的、严密的，体现了古代中国人民丰富的航海经验。

拓展思考

1. 你知道郑和下西洋的故事吗？
2. 宝船与郑和舰队中的其他船舶有什么区别？
3. 你能说说以当时的条件建造宝船有什么样的困难呢？
4. 你认为郑和下西洋航海有什么重大意义吗？

风之召唤——帆

“天接云涛连晓雾，星河欲转千帆舞”。一看到帆，就想起李清照的《渔家傲》这首词，在那宁静的星空下，一艘艘帆船静静地航行，各种帆映照水面上的星星，在夜色中闪耀着神秘的风采。你认为，星星能和帆媲美吗？帆千姿百态，不仅像蒲扇，还像蝴蝶，像少女的围巾，那样洁白，那样妩媚。而星星就只是在太阳落下的时候才出现在天幕上，一闪一闪地眨着眼睛，它是在羡慕着帆，可以随着风之召唤，引着梦想的船，驶入蔚蓝的大海深处。

◆斜三角帆

帆

古老的独木舟航行时，人们用桨来使它前进，但渐渐地人们发现在逆流的情况下，独木舟航行的很慢，而且一般都是随波逐流，漂到不知何处，对于古代的人类而言，还是充满着危险。在长期的航行中人类渐渐发现，如果用兽皮铺盖在木制构架上而制成的小船，它们用短阔桨或长桨

◆纵帆

◆横帆

推进，这样的航行将会省力许多，而且可以航行得更远。经过更长的一段时间，当有人在船上举起一大块布时，发现了风可把船向前推进，且航行速度比划船更快。这极有可能起源于埃及的尼罗河上，因为那儿有一种强大的盛行风。根据考古发现，世界上第一幅已知的帆船画可追溯到五千年前，它就是出自尼罗河流域。

◆古代帆船

当时有许多简易的旅行船和捕鱼船定期行驶在尼罗河上。它们有一单层的方形帆，这些古帆船的帆是用一匹匹帆布裁剪缝制成的，为了保证幅拼缝的强度，要将帆布布幅边沿互相折边扣在一面帆布上，为了保证边沿的强度，需要沿加强条在帆周缘缝上帆边绳 1 至 3 条加强条。这些帆船在顺风和侧风的情况下都可以借助风力顺利前行，但在逆风航行的情况下速度会显著放慢。一般，人们将帆分为横帆与纵帆。横帆的形状为正方形、矩形或梯形，桁长度等同，而帆的下边再无其他帆桁。这类帆的特点是每面帆的上边宽度与挂此帆的帆桁长度等同，即呈等腰梯形状，如果帆两边与上沿垂直，则形成矩形或方形的帆。横帆张挂是利用系帆索穿过帆上缘复杂的多个系帆孔系挂在帆桁上。纵帆的形状多为三角形或艉斜桁，而大量等腰梯形帆则挂于各桅之间，三角帆多张挂在船首或各桅的支索上和艉斜桁上。

讲解——帆的原理

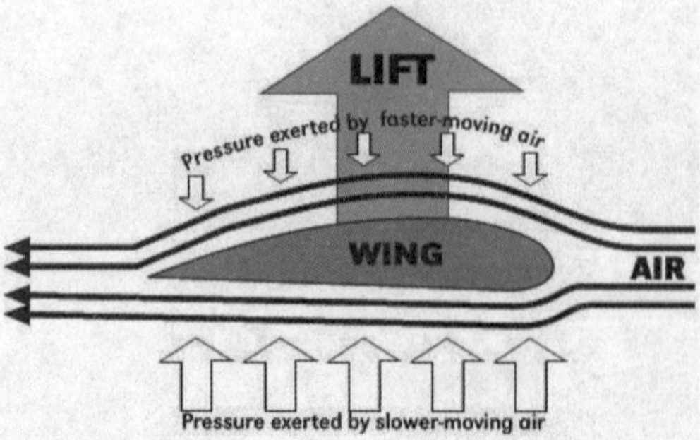

◆伯努利效应

一般人对于帆船往往会有一个错误观念，以为帆船是被风推着跑的。其实帆船的最大动力来源是所谓的伯努利效应。在1738年，科学家丹尼尔·伯努力发现，气流速度与周围自由气流成比例增加，从而导致压力的降低，而这可令气流速度更快。这种情况在帆的背风面发生会导致空气流动速度加快，并且在帆的后面形成低压区域。当风汇聚并且风被帆分开时，一些风就会在帆的背风面将帆扯起，这就要求船员在操作风帆的时候，要注意迎角和风之间的关系，不停地调整，通过船员自身感觉和经验，使帆与风之间达到最理想的状态。

帆船

◆跳跃的帆板

帆船起源于欧洲，它是居住在海河区域的古代人的水上交通运输工具。古代的荷兰，地势很低，所以开凿了很多运河，人们普遍使用小帆船运输或捕鱼。这种小船是由一棵独木或用木排、竹排编制而成，这或许是世界上最早的帆船。现代对于帆船的理解为，它是利用风力的基本动力在水上行驶，并由人来操控改变方向前进，人坐在船上，一手操作舵杆，一手操控

◆男子龙骨船——星级

◆男子双人艇

◆女子龙骨船——英凌级

悬挂于垂直船身上桅杆的帆面角度，来使船前进。随着人们制造帆的技术和操帆的技术越来越发达，帆船的种类和数量也逐渐增多。根据历史记载，公元二世纪，地中海各国因军事需要，制造出以奴隶摇桨吆喝，并配合小风力前进的战舰。公元八世纪以后，海上贸易发达，侧风航行的罗马商船应运而生。十五世纪中国帆船为使航行有较高的效率，已用帆骨及支骨来支撑帆面。15世纪初期，中国明代郑和率领庞大船队7次出海，到达亚洲和非洲三十多个国家。

帆船运动的历史悠久，最早的竞技记载是公元前70年，古罗马诗人维基尔在叙事诗《伊尼特》中详细地描述了从特洛伊到意大利的一次帆船竞赛活动，并描述了比赛结束后优胜者和参加者的获奖情况。公元17世纪开始，在威尼斯有了定期的大规模的帆船竞赛。18世纪初在俄罗斯的圣彼得堡创建了世界上第一个帆船俱乐部。到19世纪初，现代竞技帆船运动在欧美兴起，欧洲、美洲各个国家在国内或国际举行定期的帆船比赛，其中，有1870年美国和英国举行的第一届著名的横渡大西洋的“美洲杯”帆船比赛，此项

◆重量级艇——芬兰人级

比赛被美国人称霸一个多世纪，直到 1995 年新西兰队才成为第二个“美洲杯”夺冠国家。由于现代竞技帆船在设计、制造工艺、原材料等方面有较大的差异，为使帆船竞赛公平合理，需要有统一的规定，因此，在 19 世纪初开始成立帆船级别协会和制定级别规则。1900 年帆船运动被列入第二届现代奥运会之后，使这项运动无论在规模还是水平上都进入了一个快速发展的时期。特别是从 20 世纪中期开始，帆船运动在世界各发达国家得到了较快发展。

拓展思考

1. 你有注意帆船上的帆吗？你能看出是哪种帆吗？
2. 帆船主要是利用什么力进行航行的呢？
3. 你有注意过帆船运动吗？你能说说对它的看法吗？
4. 你能说说帆对船的主要作用是什么吗？

永远的执着——指南针

◆指南针

当航行到陌生的海域，近处的山变得不熟悉了，而太阳下山去了，天上的乌云遮住了月亮和星星，古代人类，是利用了什么样的工具来帮助他们找到方向的呢？这个工具就是指南针。指南针的表盘里被染成红色的一端会始终指向南方，这个工具不仅仅在航海上具有重大的作用，在我们日常生活中也起着一定的作用。而且随着科学技术的发展，指南针越来越小型化，甚至在手机等电子设备上都可以装上指南针软件，也可以起到一样的作用。

指南针

指南针是用以判别方位的一种简单仪器。它的前身是中国古代四大发明之一的司南。其主要组成部分是一根装在轴上可以自由转动的磁针。传统的观点认为指南针的始祖大约出现在战国时期。它是用天然磁石制成的，样子像一把汤勺，圆底，可以放在平滑的“地盘”上并保持平衡，且可以自由旋转，当它静止的时候，勺柄就会指向南方。当时的著作《韩非子》中就有：“先王立司南以端朝夕。”“端朝夕”就是正四方、定方位的意思。《鬼谷子》中记载了司南的应用，郑国人采玉时就带了司南以确保不迷失方向。目前的司南模型是由我国著名科技史学家王振铎根据《论衡》中的记载，考证并复原的。司南由青铜盘和天然磁体制成的磁勺组成，青铜盘上刻有二十四向，置磁勺于盘中心圆面上，静止时，勺尾指向为南。

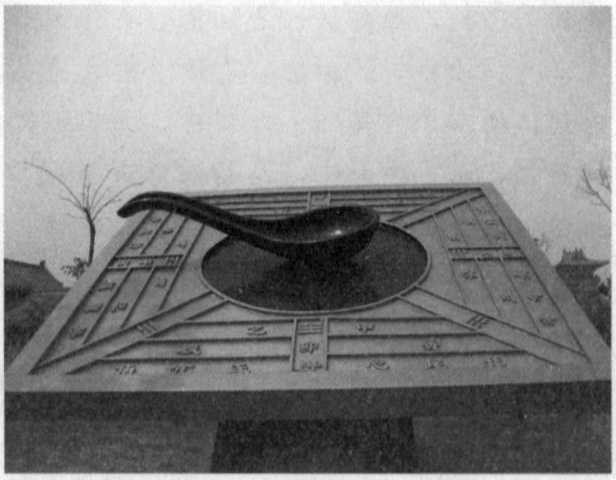
◆司南

原理介绍

指南针原理

人们居住的地球，也是一块天然的大磁体，在南北两头也有不同的磁极，靠近地球北极的是S极，靠近地球南极的是N极。人们知道，同性磁极相斥，异性磁极相吸引，所以，不管在地球表面的什么地方，拿一根可以自由转动的磁针，它的N极总是指向北方，S极总是指向南方。

小贴士——指南车

指南车，又称司南车，是中国古代用来指示方向的一种机械装置。它根据差速齿轮原理，与指南针利用地磁效应不同，使用齿轮传动系统，根据车轮的转动，由车上木人指示方向。不论车子转向何方，木人的手始终指向南方，“车虽回运而手常指南”。根据考古发现，现代学者认为指南车很有可能是由三国魏

◆指南车

马钧创造的，但制造的方法已经失传。后来南朝的祖冲之又发明一次，根据《南齐书·祖冲之传》所言：“初，宋武平关中，得姚兴指南车，有外形而无机巧，每行，使人于内转之。升明中，太祖辅政，使冲之追修古法。冲之改造铜机，圆转不穷，而司方如一，马钧以来未有也。”指南车的创造标志着中国古代在齿轮传动和离合器的应用上已取得很大成就。它既是古代一种指示方向的车辆，也是古代帝王出门时，作为仪仗的车辆之一，以显示皇权的威武与豪华。

指南鱼的制作

◆指南鱼的制作方法

古代民间常用薄铁叶剪裁成鱼形，鱼的腹部略下凹，像一只小船，磁化后浮在水面，就能指南北。当时以此作为一种游戏。北宋时，曾公亮在《武经总要》中载有制作和使用指南鱼的的方法：“用薄铁叶剪裁，长二寸，阔五分，首尾锐如鱼型，置炭火中烧之，侯通赤，以铁钤钤鱼首出火，以尾正对子位，蘸水盆中，没尾数分则止，以密器收之。用时，置水碗于无风处平放，鱼在水面，令浮，其首常向午也。”这是一种人工磁化的方法，它是利用地球磁场使铁片磁化，

◆指南鱼的制作方法

即把烧红的铁片放置在子午线的方向上，铁片烧红后，温度高于居里点，铁片中的磁畴便瓦解而成为顺磁体，蘸水淬火后，磁畴又形成，但在地磁场作用下磁畴排列有方向性，故能指南北。因我国长江、黄河流域一带地磁有大约50度的倾角，如水平放置，则只有水平方向分量起作用，而以一定角度放入水中，则使鱼磁化的有效磁场强度增大，磁化效果更好。人工磁化方法的发明，对指南针的应用和发展起了巨大的作用，在磁学和地磁

学的发展史上也是一件大事。北宋的沈括在《梦溪笔谈》中提到另一种人工磁化的方法："方家以磁石摩针锋，则能指南。"按沈括的说法，当时的技术人员用磁石去摩擦缝衣针，就能使针带上磁性。从现在的观点来看，这是一种利用天然磁石的磁场作用，使钢针内部磁畴的排列趋于某一方向，从而使钢针显示出磁性的方法。这种方法比地磁法简单，而且磁化效果比地磁法好。摩擦法的发明不但世界最早，而且为有实用价值的磁指向器的出现，创造了条件。

实验——指南法

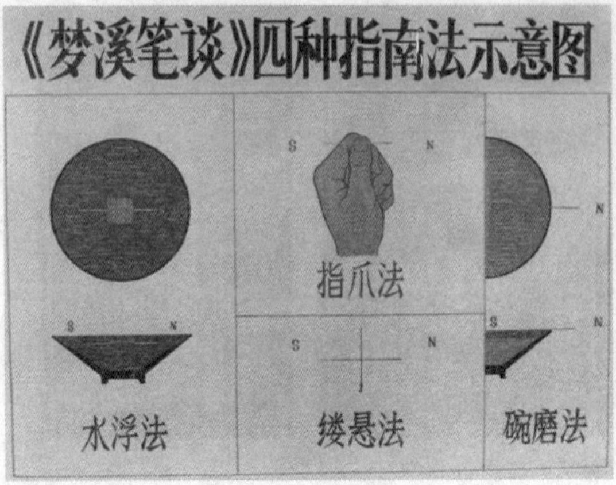

◆《梦溪笔谈》四种指南法示意图

《梦溪笔谈》是我国著名的古代科学技术著作之一，其中提到用磁石去摩擦缝衣针后，针锋有时指南，也有时指北。从现在的观点来看，磁石都有N和S两个极，磁化时缝衣针针锋的方位不同，则磁化后的指向也就不同。但古人并不清楚这个原因，北宋沈括在此书中介绍了四种关于磁针的装置方法，即水浮法、碗唇旋定法、指甲旋定法和缕悬法。比较这四种方法，沈括觉得水浮法的最大缺点是水面容易晃动影响测量结果。而碗唇旋定法和指甲旋定法，由于摩擦力小，转动很灵活，但容易掉落。沈括比较推重的是缕悬法，他认为这是比较理想而又切实可行的方法。事实上，沈括指出的四种方法已经归纳了迄今为止指南针装置的两大体系——水针和旱针。

电子指南针

现代导航技术飞快发展，但指南针作为一个重要的导航工具，仍然会

◆电子指南针

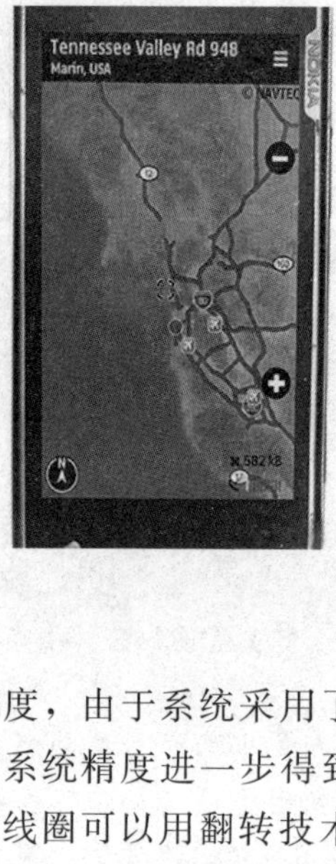

◆电子指南针软件

应用到各个领域。而传统指南针由于受各种因素的影响，逐渐被新式的电子指南针所取代。电子指南针采用固态元件，体积小而且非常方便，甚至还可以简单地和其他电子系统接口。目前的电子指南针主要运用磁场传感器芯片，这种芯片具有体积小、精度高、稳定性好、价格低等特点，是目前较为理想的导航元件，例如 KMZ52 芯片。该芯片是一个两维磁场传感器，利用磁阻的作用及其灵敏度和线性来测量微弱的地球磁场。磁阻，就是磁通通过磁路时所受到的阻碍作用，磁路中磁阻的大小与磁路的长度成正比，与磁路的横截面积成反比，并与组成磁路的材料性质有关。电子指南针采用特殊的数据处理方法提高了系统的精度，由于系统采用了抗干扰技术，因而减小了其他因素所造成的影响，使系统精度进一步得到提高，且集成了置位、复位功能以及补偿线圈。这些线圈可以用翻转技术消除偏移，用电磁反馈技术消除温度的敏感漂移。由于系统可以采用各种处理平台来实现，因此具有良好的可移植性，可广泛用于定位系统，而且可靠性好，精度很高。除了电子指南针之外，目前在各种电子设备中也同样出现了各种电子指南针软件，利用数据模拟技术在手机、电脑上都可以使用这样的软件，使得指南针的应用范围越来越广。

小资料——指南龟

◆指南龟

南宋陈元靓在《事林广记》中介绍了另一类指南鱼和指南龟的制作方法。这种指南鱼与《武经总要》一书中记载的不一样，是用木头刻成鱼形，有手指那么大，木鱼腹中置入一块天然磁铁，磁铁的S极指向鱼头，用蜡封好后，从鱼口插入一根针，就成为指南鱼。将其浮于水面，鱼头指南，这也是水针的一类。指南龟是当时流行的一种新装置，将一块天然磁石放置在木刻龟的腹内，在木龟腹下方挖一个光滑小孔，对准并放置在直立于木板上的顶端尖滑的竹钉上，这样木龟就被放置在一个固定的、可以自由旋转的支点上了。由于支点处摩擦力很小，木龟可以自由转动指南。当时它并没有用于航海指向，而是用于幻术。这就是后来出现的旱罗盘的先声。

拓展思考

1. 注意观察你身边的事物，你能通过自己的观察来确定南方吗？
2. 指南车与指南针有什么区别吗？
3. 电子指南针软件是如何实现指南的呢？
4. 你能说说指南针对航海的贡献是什么吗？

手中的命运之盘——罗盘和星盘

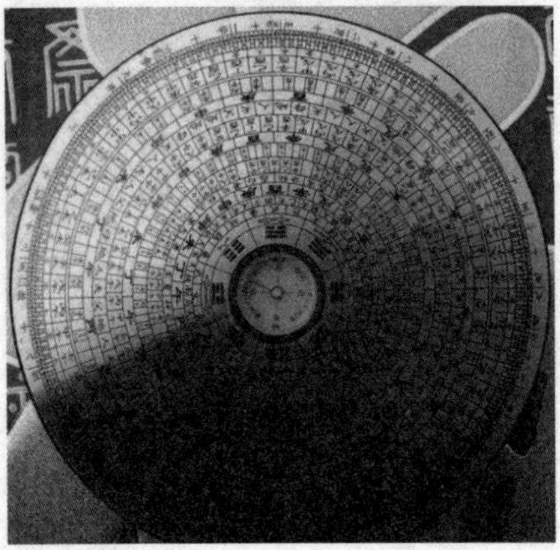

◆罗经盘

在指南针发明之后，人们发现指南针的角度随着地点的不同总会有小小的不同。随着人们对地球的认识越来越多，航海者的经验越来越丰富，积累的数据也越来越多，根据一些科学家的总结研究，对指南针进行了改进，制作出了一种新的方向工具，也就是罗盘。罗盘和指南针不同的是其盘面上有二十四个方位，通过指针指向某个方位，就能确定当时所在的位置。同时欧洲也得到从阿拉伯传来的星盘，制作出更为精确的仪器。那么你知道为什么罗盘能够指明方位吗？为什么指南针的方位会随着地点而发生变化呢？

掌定乾坤——罗盘

◆水罗盘

罗盘有堪舆用的罗经盘、旱罗盘和水罗盘。要确定方向除了指南针之外，还需要有方位盘相配合。最初使用指南针时，可能没有固定的方位盘，随着测方位的需要，于是出现了磁针和方位盘一体的罗盘。方位盘仍是二十四向，但是盘式已经由方形演变成圆形。这样一来只要看一看磁针在方位盘上的位置，就能断定出方位来。南宋时，曾三异在《因话录》中记载了有关这方面的文献："地螺或有子午正针，或用子午丙壬间缝针。"这是有关罗经盘最早的文献记载。文献中所说的"地螺"，就是地罗，也就是罗经盘。文献中已经把磁偏角的知识应用到罗盘上。这种罗盘不仅有子午针（确定地磁场南北极方向的磁针），还有子午丙壬间缝针（用日影确定的地理南北极方向）这两个方向之间的夹角，就是磁偏角。盘面周围刻二十四方位，内中盛水，磁针横穿灯草，浮于水面。现在人们已经知道，地球的两个磁极和地理的南北极只是接近，并不重合。磁针指向的是地球磁极而不是地理的南北极，这样磁针指的就不是正南、正北方向，而略有偏差，这个角度就叫磁偏角。又因为地球近似球形，所以磁针指向磁极时必向下倾斜，和水平方向有一个夹角，这个夹角称为磁倾角。不同地点的磁偏角和磁倾角都不相同。

◆西方罗经盘

讲解——什么是磁偏角？

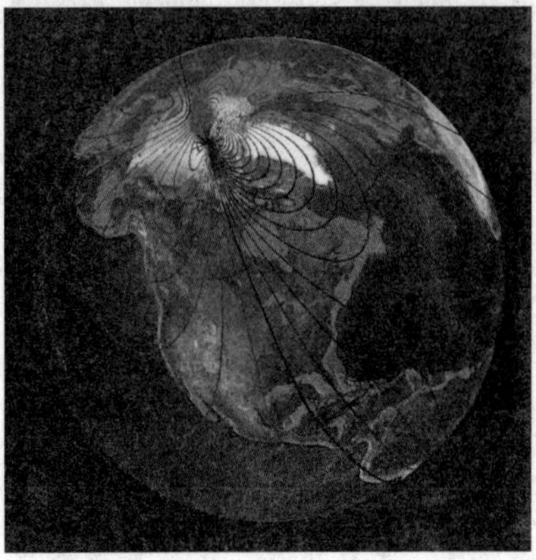

◆磁偏角

磁偏角为地球表面任一点的磁子午圈同地理子午圈的夹角。因指南针、磁罗盘是测定磁偏角最简单的装置，所以磁偏角的发现和测定的历史也很早。南宋著名学者沈括在《梦溪笔谈》中记载与验证了磁针"常微偏东、不全南也"的磁偏角现象，比西欧记录早400年。1702年，英国哈雷发表了第一幅大西洋磁偏角等值线图。英国人罗伯特·诺曼发现一根磁针用绳子在半中间吊起来，跟水平形成一偏角，他将这称为磁偏角。1581年，他在自己的《新奇的吸引力》一书中发表了他的发现。各个地方的磁偏角不同，而且，由于磁极也处在运动之中，某一地点磁偏角会随之间而改变。根据规定，磁针指北极 N 向东偏则磁偏角为正，向西偏则磁偏角为负。磁偏角是指磁针静止时，所指的北方与真正北方的夹角，是地磁场的磁感线与水平面交成的角度。正常情况下，我国磁偏角最大可达 6 度，一般情况为 2～3 度。许多海洋动物可以感应到磁偏角并利用它来识途。

管窥天空——星盘

◆星盘

星盘是古代天文学家、占星师和航海家用来进行天文测量的一项重要的天文仪器，用途非常广泛，包括定位和预测太阳、月亮、金星、火星相关天体在宇宙中的位置，确定本地时间和经纬度、三角测距等。它可能诞生于公元前 3 世纪的古希腊。最古老的星盘是有吊环的木质圆盘，边缘刻有圆弧的度数，后来的星盘往往改为金属的。盘的一面装有一根可绕中心旋转的窥管，观测时将盘垂直悬挂，人目从窥管对准太阳或恒星，从圆盘边缘的刻度上可得到所测天体的高度；盘的另一面绘刻有星图、地平坐标网以及与黄道、赤道有关的网格，通过对太阳等天体的观测以及进行某些换算，还可求出观测时间、观测地纬度等数据。星盘可用于教学、航海和测量等方面，曾长期流行于欧洲和伊斯兰各国，18 世纪中叶后才为六分仪所代替。

小贴士——简平仪

中世纪时，欧洲普遍使用星盘来测量天体高度。星盘技术于元初曾传入中国，但由于与中国传统的赤道坐标不相宜，一直未能引起重视。直到明末，传教

◆简平仪

士利玛窦等来华，再次将星盘传入中国，与此同时，传教士熊三拔编译了相关的理论书《简平仪说》，李之藻等人编著了《浑盖通宪图说》，才引起了有关学者的关注。当时的康熙皇帝命人制作了类似星盘的御制铜镀金简平仪，清康熙二十年，清宫造办处制作，星盘直径为32.1厘米，清宫旧藏。简平仪分三重：上重盘为北地平盘，外周圈刻十二月份，每月30°，次内刻十二时辰，盘中心为北极，上附时刻盘。中重盘为天盘，其一面为北极恒星盘，上刻阴历日、黄道十二宫、周天360°、二十四节气、赤经线、黄道、银河系，沿赤道布列二十八宿，并按一至六等星标注；另一面为赤道南极恒星盘，除星象图有变化外，其余与北极恒星盘大致相同。下重盘为南地平盘，盘心象征着南极，中心设时刻盘、大游标，盘面刻有更线、节气线、日出没线等。简平仪顶端附提环，上端镌刻“简平仪”，下端镌刻“康熙二十年岁在辛酉仲夏制”铭文，为清宫内务府造办处所制造。简平仪未设置窥管，所以无法进行实测，但通过演示可求日出、日落时刻，日出、日入五更时刻，某时刻上中天的星，某时月在某方等。如求某时刻上中天的星（上中天的星即指某星通过子午圈的现象），即将北极恒星盘向左旋转，使当日太阳所在的赤道经度对准该时刻，视天盘午正位置上停留的星，即为所求该时刻上中天的星。

拓展思考

1. 注意观察，你能用简易的方法测出你所在位置的经纬度吗？
2. 你知道磁偏角对地球人类活动有什么影响吗？
3. 你有见过罗经吗？你会使用它吗？
4. 你能说说现代罗经主要用在什么地方吗？

海岸线的生命之光——灯塔

海洋是充满了各种奇异的探险，既然说探险，那么其中就有相当的危险。你可曾想过，当迷失在宽广无垠的海洋里的时候，迷失在浓浓的迷雾里的时候，当你感受着海浪的波动却深深绝望的时候，你最希望看到是什么？光！当夜幕降临的时候，海岸线上总会亮起强烈的光，它不是照亮身边的路，而是照亮远归的航海者的路。它让他们看到希望，看到归程。灯塔一般是由人类在海岸边上建造的一种建筑物，早期它依靠点燃火焰发出光芒，能让迷航者发现到达岸边的航路，而现代一般由电力设施产生的强光来指明航路。

◆鸽点灯塔

灯塔

灯塔是建于航道关键部位附近的一种塔状发光航标，用以引导船舶航行或指示危险区。现代大型灯塔结构体内有良好的生活设施和通信设施，可供管理人员居住，但也有重要的灯塔无人看守。根据不同需要，设置不同颜色的灯光及不同类型的定光或闪光。灯光射程一般为15～25海里。灯塔由塔身与灯具构成。塔身可由各种建筑材料构筑，主要是要适应和抵抗风浪等恶劣的自然条件，以保持自身的稳定性和耐久性。塔身高度要适应灯光射程要求。灯具是由发光器和光辐射器两个基本部分构成。现代灯塔的发光能源主要采用电力，发光器的发光体中心位于聚光透镜的焦点，光源辐射出呈球面的光通过聚光透镜成为有一定扩散角的平行光束。灯塔的射程可达 30 海里左右，光的强度可达数亿烛光。灯光有闪光、定光和明暗光等。光色有红、白或绿、白，通常以红、绿光表示光弧内有障碍物。

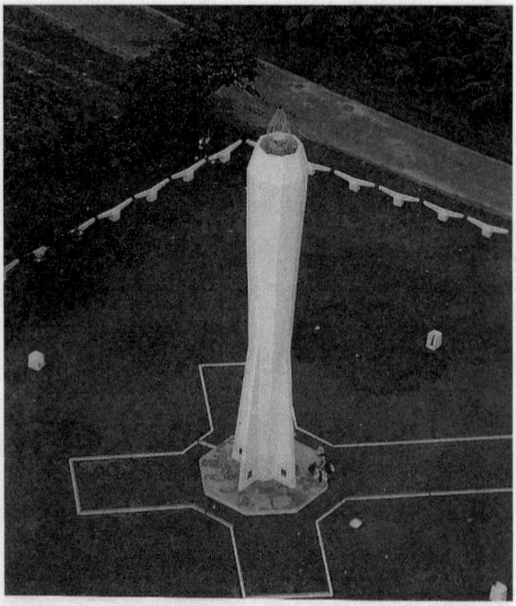
◆新几内亚马当灯塔

小博士

烛光

在每平方米 101325 牛顿的标准大气压下，面积等于 1/60 平方厘米的绝对“黑体”，在纯铂（Pt）凝固温度时，沿垂直方向的发光强度为 1 坎德拉。从数量上看，60 坎德拉等于 58.8 国际烛光，亥夫钠灯的 1 烛光等于 0.885 国际烛光或 0.919 坎德拉。

广角镜——世界上第一座灯塔

在埃及北部近海有一座名叫法罗斯的小岛，小岛的对面是希腊托勒密王朝的宫廷驻跸之地亚历山大城。这个王朝从公元前 4 世纪末起开始统治埃及，直至

◆法罗斯灯塔

公元前 30 年并入罗马帝国。托勒密王朝曾计划振兴埃及的经济，便在法罗斯岛与大陆之间修建了一道巨大的防波堤，由此形成两个安全的港湾，以便来自地中海地区的商船在此停泊。此后，在公元前约 270 年，托勒密二世委派希腊建筑师、尼多斯的索斯特拉图斯在法罗斯岛东端建造了世界上第一座灯塔，既可以为进入亚历山大港的船只指引方向，又可成为展示复兴的埃及君主显赫名声的巨大标志。法罗斯灯塔高约 106 米，分为 3 个部分，底层为正方形，矗立在一个巨大的石台上；中间部分为八角形；上部为圆形，用 8 米高的 8 根石柱围绕在圆顶灯楼。灯楼上面，矗立着 8 米高的太阳神赫利俄斯站立姿态的青铜雕像。整座灯塔都是用花岗石和铜等材料建筑而成，灯的燃料是橄榄油和木材。整个灯塔的面积约 930 平方米。聪明的设计师还采用反光的原理，用镜子把灯光反射到更远的海面上，所以在灯塔接近顶部的地方燃火，航海者们就可以在海上逾 48 千米远的地方看到火光。这是一座无与伦比的灯塔，虽然现在这座灯塔已经成为博物馆，但人们永远铭记它是古代世界的七大奇观之一。

东亚之光——鹅銮鼻灯塔

鹅銮鼻灯塔，是台湾拥有百余年历史的灯塔，位于屏东县恒春镇的垦丁国家公园内，为著名历史古迹，目前在灯塔所在地设有鹅銮鼻公园。灯塔位置是东经 120°50′0″、北纬 21°53′59″，一度被认为是台湾最南端的标志，后被台湾最南点地标所取代。

◆鹅銮鼻灯塔

鹅銮鼻灯塔是台湾南部海域夜航船只测定方位的重要坐标点。鹅銮鼻灯塔自高潮面算起，至灯火中心的高度是56.4米。白色圆形铁塔内共分五层，第一层储煤油，第二层置格林炮，第三层为洋人休憩所，第四层设置榕林炮，第五层则为灯塔光源。初设的鹅銮鼻灯塔，是以汽油自热灯发光，一千烛光的亮度，由反光镜反射后，增加为6500烛光，光距可达5000米。在经过四次修改后，1500烛光灯泡，经过大型旋转透镜后，增为1800000烛光，照射距离达13600米，是目前台湾光力最强的灯塔，是远东最大的海上灯塔，有“东亚之光”的美称。白天登上灯塔顶端，极目远眺，太平洋与台湾海峡、巴士海峡碧波万顷，海天一色。天气晴朗时，台湾省最南端，孤悬于波涛中的七星岩隐约可见，偶尔还可看到鲸鱼群在海中戏水。

神话故事

灯塔的神话故事

相传，希腊女神的侍女希罗同利安德相爱后，她每晚举着火炬为利安德横渡赫勒兹庞海峡指向。在一个暴风雨的夜晚，希罗的火把被大雨熄灭，利安德因而迷失方向，船触礁沉没，他也溺死海中。希罗闻讯后悲痛万分，投海自尽。后来希腊人民为了纪念希罗的高尚情操，建造一座名为“希罗”的灯塔。

远东第一灯塔——花鸟灯塔

花鸟灯塔又称“花鸟山灯塔”，地处中国沿海航线和长江航线的交叉点，东临公海，是上海港、洋山港、宁波、舟山等港口到日本、韩国以及其他远洋国际航线上不可或缺的导航设施，地位十分重要。它集中体现了

◆花鸟灯塔

19世纪末世界上最先进的航标科技水平，并且随着科技的进步不断更新，是中国沿海数百座灯塔中规模最大、功能最齐全、设备最先进、历史最悠久的一座，在世界上也位居前列，素有“远东第一灯塔”之誉。2001年，花鸟灯塔被中华人民共和国国务院公布为第五批全国重点文物保护单位之一。灯塔占地约2.2万平方米，塔身呈圆柱形，高16.5米，下部为白色，混凝土砖石结构，上部为黑色，材料主要是铁板。灯塔内部分四层楼面。塔顶为铜铸圆顶，装风向板。顶层使用巨大的玻璃作为墙体，安装有光源。灯塔的导航方式非常齐全，有光波、电波和声波等，可为不同距离的船只提供不同的导航手段。聚光灯安装在灯塔顶层中央，采用2000瓦卤素灯，周围置四面透镜和旋转机组，每分钟旋转一圈，使聚光灯同时射出四道光线，射程为24海里。灯塔周边建有两座无线电铁塔，提供的无线电远距导航方式可每15分钟向船只呼号一次，报告船所在的经纬度。雾天时灯塔还提供近距离声波导航，每80秒连续鸣笛两次，每次声长1.5秒，声音传播范围为4海里以内，是中国传音最远的气雾喇叭，当地俗称“老黄牛”叫。

◆近看花鸟灯塔

轶闻趣事——火山灯塔

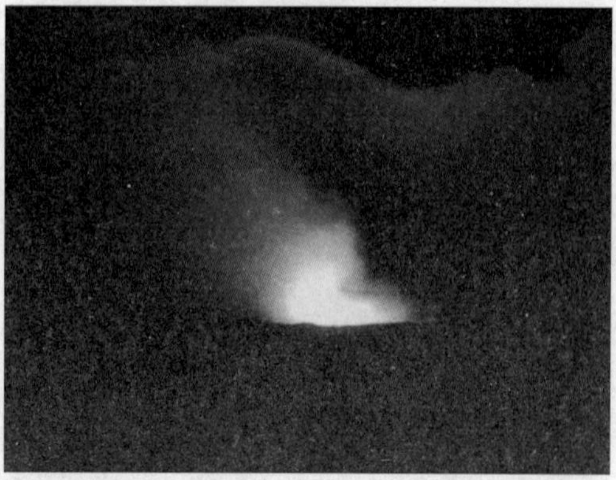
◆斯特龙博利火山

意大利西西里岛北部的利帕里群岛中，有一个圆锥形的小岛。岛上有一座斯特龙博利火山，数百年来，由于这座火山中的熔岩不太黏稠，很容易形成气泡而后破裂。所以它每隔两三分钟就响起一阵轰隆声，随即喷发出巨大的烟柱、蒸汽和碎屑，升到数百米的天空。接着，烟柱在天空中弥漫开来，烟和灰尘逐渐消失。火山爆发时喷出的烟柱，黑夜里被沸腾的熔岩的深红色回光映得通红，一明一暗，在离火山100多公里的海上都能见到。于是，它就成了过往船只明辨方向的标志，被人们誉为“地中海的天然灯塔”。这是世界上著名的火山奇观之一。

拓展思考

1. 注意观察你的身边，有可以看见灯塔的地方吗？
2. 灯塔的光主要是依靠什么仪器发出的呢？
3. 你知道世界著名的三大灯塔吗？
4. 你能说说灯塔对航海者来说意味着什么吗？

星球运转的法则——天文钟

◆天文钟

航海者们为了航海的安全，必须考虑在什么季节、什么天气等各种情况下出海才是安全的。而时间不是光靠双眼就能完全确定的，只有天上的行星们会按照一定的规律不停地运转，这些行星将会告诉航海者们，什么时候才是要远航的时机。天文钟就是一种模拟行星运行规律而制作出来的计时仪器，它是人们通过大量积累行星运行规律的经验和数据，根据机械学而模拟出来的行星运动。它能比较准确地告诉航海者们某个时刻太阳或者其他行星的具体位置，从而让航海者们制定接下来的航海策略。

天文钟

所有可以显示时间和天文学信息的钟都可以称作天文学钟。它是一种特别设计的、能用多种形式来表达天体时空运行的仪器，能够把动力机械和许多传动机械组合在一个整体里，利用几组齿轮系把机轮的运动变慢，使它经常保持一个恒定的速度，和天体运动一致。天文钟既能表示天象，又能计时，后世的钟表即由此演变而来。它可以显示太阳、月亮、星座在该时刻的相对位置，有的还可显示主要行星的位置。天文钟以地心说模型表示，钟面中心常为一个圆形或球形的标记表示位于太阳系中心的地球，以一个金色的球表示绕地转动的太阳。这种设计的理念来源于周日运动对于观测者而言最为直观，也是在尼古拉·哥白尼提出日心说之前欧洲普遍的宇宙观。欧洲处于宗教统治时期，首先出现了两座天文钟，其一是圣奥尔本修道院院长理查德·沃林福德在14世纪早期建造的一座天文钟，以不同的齿轮演示月相与月食，并留下技术说明；另外是帕多瓦的天文学教授东迪在1364年独立建造了一座天文钟，除显示时间外，亦演示托勒玫体系之下行星轨道的运行情况。制造天文钟最大的困难在于，制作钟的人必须不停地维护它，这不仅需要制造技巧，也需要很多金钱。因此，拥有一座天文钟也是财富的象征。18世纪，随着天文学的兴起，越来越多的天文钟被建造，钟的特点是表现更精确的天文学信息。

◆布拉格天文钟

小博士

托勒密地心说

托勒密于公元二世纪，提出地球之外有11个等距天层，由里到外的排列次序是：月球天、水星天、金星天、太阳天、火星天、木星天、土星天、恒星天、晶莹天、最高天和净火天，此外空无一物。各个天层各自不会动。

广角镜——德国明斯特天文钟

◆德国明斯特大教堂的天文钟

在德国多瑙河畔，巴登—符滕堡州和巴伐利亚州的交界处，有一座古老的文化名城叫乌尔姆，这座已有1100年历史的城市是德国南部美丽的城市之一。城市的标志性建筑称为明斯特教堂，是世界上塔尖最高的教堂，这座宏伟的教堂据说不是靠国王或大主教的名义和金钱修造的，而是由公民公决、自愿出资建起来的。在这座教堂里有一座令人惊叹的天文钟，它制作精美而且钟声浑厚悠扬，在黄昏的时候从教堂塔顶的镂空花砖里飘散出来，均匀地向四面八方弥漫。教堂是在1120年弗莱堡建城不久后就开始筹划动工的，从动土到完工，共用三百年的时间。这座在中世纪建成的哥特式教堂，集结了几代人的精华，从选料到设计，无处不显示着独具匠心，尤其以它的塔楼闻名，被历史学家同时也是艺术家们誉为“天主教会里最美丽的塔楼”。

水运仪象台

◆现代仿制的水运仪象台

苏颂领导创制的水运仪象台，实际上是一座设计非常巧妙，利用水轮为原动力带动仪器运转的自动化天文钟，也是世界上最早的天文钟。水运仪象台有一组“铜壶滴漏”式的装置，在一个木架上设两个水槽，高的是天池，低的是平水壶，而平水壶中的水流入全台机械结构的原动轮的水斗。枢轮是由36个水斗和钩状铁拨子组成的由水力推动的机轮。可以毫不夸张地说，水运仪象台的“天衡”系统是现代钟表的先驱。枢轮通过几组齿轮使计时仪器和天文仪器分别按一定的速度转动，苏颂在《新仪象法要》中称之为“以水激（枢）轮，轮转而仪象皆动”。台上层的浑仪是观测天体运行的仪器，它通过齿轮和枢轮轴相连而随天体运转，与现代望远镜有转仪钟控制而随天体转动一样。台中层的浑象是一个球体，球面布列天体的星宿位置。浑象和台下层的昼夜机轮轴相接，随机轴由东向西转动，和天体视运动一致，使得球面星座位置和天象相合。而昼夜机轮则能够随天象推移使小木人出来敲钟、击鼓、示牌等，准确地报告时辰。水运仪象台顶端还设有九块活动的屋板，雨雪时闭合，防止对仪器的侵蚀，观测时可以自由拆开。这种活动屋板是现代天文台可以开合的球形台顶的祖先。英国著名的科技史专家李约瑟博士研究了苏颂的水运仪象台后，在其所著的《中国科学技术史》中说：中国在14世纪欧洲发明钟表以前，“就已有了装有另一种擒纵器的水力传动机械时钟”。这充分显示了我国古代科学技术的先进水平。

◆现代根据水运仪制作的时钟

◆水运仪全景

名人介绍——苏颂

◆苏颂

苏颂（1020—1101），字子容，出身于厦门同安芦山堂一书香门第，其祖先在唐末随王潮入闽，世代为闽南望族，其父苏绅中过进士。苏颂从小聪敏好学，经受了严格的家庭教育，童年在福建泉州南安长大，后迁居润州丹阳。官至北宋哲宗宰相，由于苏颂因循守旧，很难在政治上有所发展，于元祐元年十一月，组织一批科学家，并运用自己丰富的天文、数学、机械学知识开始着手复制由汉代张衡制作的“水运仪象台”，并在元祐三年十二月获得成功，元祐七年又复制成铜质台。仪象台以水力运转，集天象观察、演示和报时三种功能于一体，是世界上最早的天文钟。苏颂为北宋天文学家、药物学家，是中国古代和中世纪杰出的博物学家和科学家。

拓展思考

1. 你觉得地心说和日心说有什么区别吗?
2. 天文钟与普通的计时仪器有什么区别吗?
3. 水运仪的主要原理是什么呢?
4. 你能说说天文钟对航海有什么意义吗?

联系世界的图线——海图

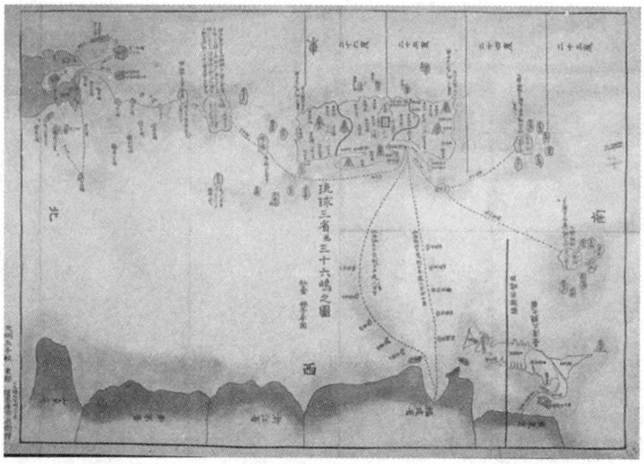

◆琉球海图

大海是人类文明的摇篮，古往今来各国的海洋地图则是人类与其展开对话的文明“烙印”。通过海图，航海者可以清楚地了解在海洋中的岛屿、暗礁、大陆等有关标志和方位，同时也可以为以后的探险者提供更安全的航线，去探索更遥远的海域。海图更是一个国家对海洋开放建设的标准，是科技、信息、社会等综合实力的表现。

海图

海图是地图的一种，是以表示海洋区域制图现象的一种地图。它通过特定的数学手段、制图程序和特殊的符号系统，将极不规则的地球表面上的制图现象表示到平面上。制图的程序主要是要进行外业的测量和调查，然后进行内业整理、制图作业，再编制成图。航海图是海图中一种，它主要描述海洋中的航行路

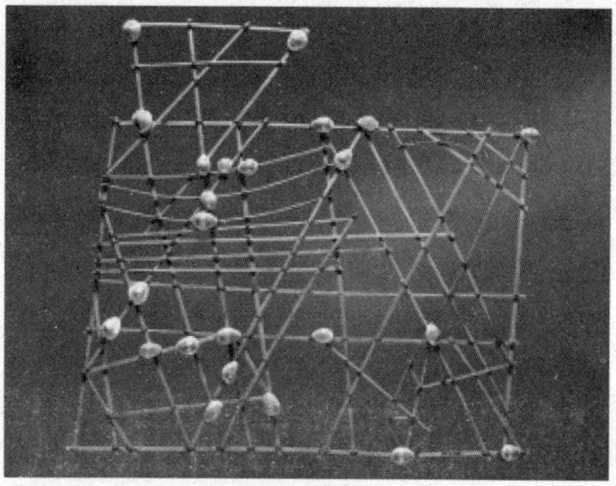

◆波利尼西亚编织的航海图

线和主要的海岸、礁石之类，而海底地形图的主要内容为海岸、海滩和海底地貌，海底基岩和沉积物，水中动植物，水文要素，灯标、水中管线、钻井或采油平台等地物，以及航道、界线等。海图中数量最多的航海图，除内容不同于陆图外，在表示方法上也有许多不同于陆图的地方，如：多采用墨卡托投影；没有固定的比例尺系列；深度起算面不用平均海面，而用特定的深度基准面；分幅沿海岸或航线进行；在邻幅间还有重叠部分；有自己特有的编号方法；符号设计原则和制图综合原则也略有不同；为保证航行安全，航海图出版后要不间断地进行修正，始终保持现势性等。海图和地图的图形载体基本一样，或印在纸上，或以数字形式储存在计算机中，或显示在屏幕上。

◆中国西汉的海图

小贴士——墨卡托制图法

墨卡托投影又称正轴等角圆柱投影，是圆柱投影的一种，由荷兰地图学家墨卡托于 1569 年创拟，为地图投影方法中影响最大的一种制图方法。假设地球被围在一中空的圆柱里，其标准纬线与圆柱相切接触，然后再假想地球中心有一盏灯，把球面上的图形投影到圆柱体上，再把圆柱体展开，这就是一幅选定标准纬线上的“墨卡托投影”绘制出的地图。墨卡托投影没有角度变形，由每一点向各方向的长度比相等，它的经纬线都是平行直线，且相交成直角，经线间隔相等，纬线间隔从标准纬线向两极逐渐增大。墨卡托投影的地图上长度和面积变形明显，但标准纬线无变形，从标准纬线向两极变形逐渐增大，但因为它具有各个方向均等扩大的特性，保持了方向和相互位置关系的正确。在地图上保持方向和角度的正确是墨卡托投影的优点。墨卡托投影地图常用作航海图和航空图，如果循着墨卡托投影图上两点间的直线航行，方向不变可以一直到达目的地，因此它对船舰在航行中定位、确定航向都具有有利条件，给航海者带来很大便利。

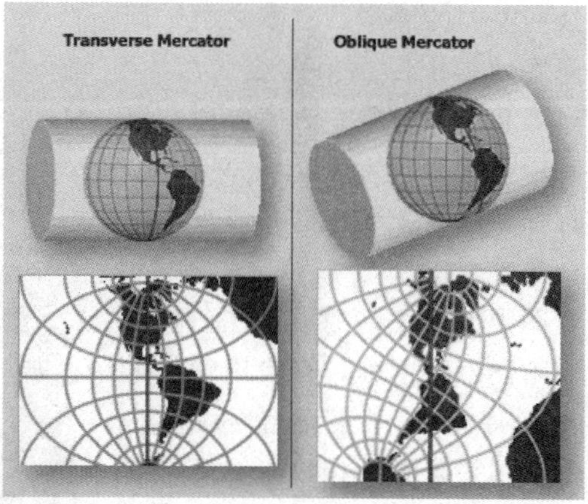

◆墨卡托投影

郑和航海图

◆郑和航海图部分

郑和航海图属于明代航海图籍，原名《自宝船厂开船从龙江关出水直抵外国诸番图》，后人多简称为《郑和航海图》。原图为自右而左展开的手卷式，茅元仪收入《武备志》卷二百四十后改为书本式，共二十四页，包括茅元仪序一页，图二十页，《过洋牵星图》两页（四幅），空白一页。该图制作于郑和第六次下西洋之后，全体下洋官兵守备南京期间。其时正值明宣宗朱瞻基酝酿再下西洋之际，因将郑和船队历次下西洋航程综合整理，绘制成整幅下西洋全图，为郑和使团适应下西洋的需要而集体编制的不朽之作。全图以南京为起点，最远至非洲东岸的慢八撒（今肯尼亚蒙巴萨）。图中标明了航线所经亚非各国的方位，航道远近、深度，以及航行的方向牵星高度，对何处有礁石或浅滩，也都一一注明。图中列举自太仓至忽鲁谟斯（今伊朗阿巴丹附近）的针路（以指南针标明方向的航线）共五十六线，由忽鲁谟斯回太仓的针路共五十三线；往返针路全不相同，表明船队在远航中已灵活地采用多种针路，具有高超的航海技术和较高的海洋科学水平。在图中，郑和船队所经之地均有命名。图中的约五百个地名中，外国地名约三百个，大大超过汪大渊《岛夷志略》一书所收的外国地名。该图不仅是研究郑和下西洋和中西交通史的重要图籍，在世界地图学、地理学史和航海史上，也占有重要的地位。

历史财富

针路

“针路”不是指南针的路线，指南针无论何时何地总是指向南或北。“针路”其实就是航线，在罗盘指引下，从甲地到乙地的某一航线上有不同地点的航行方向，将这些航向连接成线，并绘于纸上，就是人们所说的针路，又称针经、针簿。从甲地到乙地，不同航线上的针路各有不同；同一航线上之来回往返，针路也不尽相同。可见，针路是指导人们远航成功的必要条件。

哥伦布发现新大陆

◆哥伦布

克里斯托弗·哥伦布生于意大利热那亚一个纺织工匠家庭，从小就在家中的纺织作坊中帮工。多年的劳作及动手实践，培养了哥伦布细致、耐心的性格和极强的动手操作能力，这为他以后出海及绘制海图打下了必要的基础。青年哥伦布在热那亚商船上当水手，曾到过西班牙、葡萄牙、英国、法国及冰岛一代。这期

◆登上美洲大陆绘卷

间，哥伦布积累了相当宝贵的航海经验。在没有经过正规的航海教育之前，这些兴趣与经验支撑着未来的航海家。哥伦布为实现自己的计划，到处游说了十几年，直到 1492 年，西班牙王后慧眼识英雄，她说服了国王，使国王甚至要拿出自己的私房钱资助哥伦布，使哥伦布的计划才得以实施。于是哥伦布受西班牙国王派遣，带着给印度君主和中国皇帝的国书，率领三艘百十来吨的帆船，从西班牙巴罗斯港扬帆出大西洋，直向正西航去。经七十昼夜的艰苦航行，终于发现了陆地，哥伦布以为到达了印度，并将其命名为“圣萨尔瓦多”。后来，一个叫作亚美利哥的意大利学者，经过更多地考察，才知道哥伦布到达的这些地方不是印度，而是一个原来不为人知的新的大陆。后来人们才知道，哥伦布登上的这块土地，属于现在中美洲巴勒比海中的巴哈马群岛。哥伦布发现了新大陆，但是，这块大陆却用证实它是新大陆的人的名字命了名：亚美利加洲。

拓展思考

1. 注意观察你身边的事物中有哪些与海图有关。你能列举出几种呢？

2. 海图和地图有什么区别？

3. 郑和航海图的形式与其他航海图有什么区别吗？

4. 你认为真的是哥伦布发现新大陆吗？对于是郑和首先发现新大陆的说法，你认为正确吗？

黑色骷髅旗——海盗

◆海盗旗

海盗是指专门在海上抢劫其他船只的犯罪者。这是一门相当古老的犯罪行业，自有船只航行以来，就有海盗的存在。特别是在航海发达的16世纪之后，只要是商业发达的沿海地带，就有海盗出没。这种犯罪行业的主要特点是：海盗者多非单独的犯罪者，往往是以犯罪团体的形式打劫。由于海盗的特殊性、神秘性，海盗已经成为人们观念中带有传奇甚至魔幻色彩的元素。以海盗为主题的电影、电视剧、动漫、音乐、电脑游戏层出不穷，而这些作品中呈现的骷髅海盗旗、独眼海盗形象，更是成为受人追捧的时尚元素。

海盗源起

◆海盗船模型

海盗行为的出现大概可以追溯到3000多年前，科西嘉和撒勒岛上就聚集了众多的海盗，使得罗马人为之头痛不已。因为有许多贪图利益的商人，希望通过海盗的活动获得利益，一时间海盗猖獗。而之后罗马帝国忍无可忍，出动军队消灭海上聚集的海盗。随着新航路的开辟，航海贸易业火热了起来。新大陆的发现，殖民地的扩张，在新航

◆电影《加勒比海盗》中的海盗们

◆海盗船

路上到处都是装着各种各样满载黄金和其他货物的船只，各国不停地追逐着利益和侵占殖民地，使海盗活动死灰复燃，而且更加猖獗。特别是随着私掠许可证的出现，海盗活动甚至开始“合法化”了。私掠许可证就是某一个国家政府允许的海盗行为，当捕获其他国家的商船时，可以获得政府给予的补贴。在这个自由与荣誉共重、炮声伴随海风齐飘的海盗黄金岁月，一批著名的海盗头子涌现出来，基德船长、“黑胡子”蒂奇、“黑色准男爵”罗伯茨等都成为海盗史上的经典传奇。这个时期的海盗使用的武器主要是短火枪和水手弯刀。水手弯刀比一般的刀剑略短，刀身呈弧状，利于近战劈砍，是海盗们的主要武器。除此之外，他们还配有利于狭小空间作战的匕首，登船时用来砍断索具和网的登船斧，较短火枪而言射程更远、威力更大的火枪。海盗船上则装备了大炮，可以发射单颗大铁球，也可以同时发射多颗小炮弹，另外还可以发射专门用来对付敌人桅杆的铁链弹。工业时代来临，各个国家的海军开始逐渐加强，商业来往也变得逐渐正常起来，海盗慢慢地从人们的视野中消失。一直到1981年的夏天，一艘帆船遭受几只快艇的袭击，使人们看到海盗又再次出现在海洋中，而且他们也开始拥有更为先进的设备和武器。

轶闻趣事——红发海盗女王

◆红发女海盗

在为数不多的女性海盗中，最具有传奇色彩的是一位勇敢、美丽的西班牙少女——唐·埃斯坦巴·卡塔琳娜。她于18世纪中叶，出生于西班牙，是当时巴塞罗那船王的千金。她从小就受到了正统的贵族教育喜武厌文的性格让她无法忍受父亲的严格教训，于是，她逃离了家庭。她剪掉了自己的红发，女扮男装开始了流浪生涯。为了活下去，她干过各种职业，在酒吧里当伙计，在邮局当邮差，参加过盗贼团，也干过水手。一年后在秘鲁她报名参加了陆军，并且成功隐瞒了自己的身份。一天晚上，在一次大规模的集体冲突中，她一怒之下误杀了自己的哥哥，使得她后悔不已，不得已之下加入了海盗集团。在茫茫大海上，卡塔琳娜开始了长达10年的征战杀伐，逐渐成为海盗女王。不过，她有自己的准则：从来不曾袭击过一艘西班牙船只，还经常救助那些落难的西班牙商船。她无时无刻不在思念自己的祖国。当她被海军捕获之后，西班牙国民一致认为她是无罪的，并最终在国王的干涉下，卡特琳娜被无罪释放。不仅如此，国王还亲自召见了这位“西班牙的英雄”。

中国沿海的海盗——倭寇

倭寇一般指13世纪至16世纪期间，以日本为基地，活跃于朝鲜半岛及中国大陆沿岸的海上入侵者。曾经被归于海盗之类，但实际上其抢掠对象并不是船只，而是陆上城市。倭寇的组成并非仅限于日本海盗，只是由于这批海盗最初都来自日本（当时称为“倭国”），所以被统称为“倭寇”。

◆剿灭倭寇图

◆大败倭寇图

直至后期，由于日本国内政治形势转变，加上官府的管制，日本人出海抢掠船只的事件已经减少，取而代之的是来自中国和朝鲜的海商与海盗，他们依从过去倭寇抢掠的方式继续为祸于东海，也被归于倭寇之列。前期的倭寇，是以日本人为主体，故被称为“真倭”，主要攻击范围为当时臣服于元朝的高丽。由于先前臣服于元军的高丽军，在元世祖忽必烈两次进攻日本的军事行动中，对日本的对马、壹岐、松浦、五岛列岛等地的居民进行屠杀，因此前期倭寇以这些地区的残存者为主要构成分子，对朝鲜沿海进行含有报复式的海盗行为，其目的一方面在于夺回被俘的岛民，另一方面则在掠夺粮食以弥补因遭虐杀而下降的农业生产力。清朝的徐继畬所著《瀛寰志略》，以及朝鲜的安鼎福所著《东史纲目》，均指出倭寇的起因在于朝鲜人配合蒙古侵日行为所引发的报复。15 世纪中期至 16 世纪，倭寇发生了变化，其活动舞台为中国沿岸、东南亚，成员以中国人及朝鲜人为主，被称为“假倭”。这一时期倭寇发生的主要原因是明代中国的生产力增加，但却施行海禁政策。史书上记载的最后倭寇，在 1624 年 7 月侵犯福建沿海。

名人介绍——抗倭英雄戚继光

◆抗倭英雄戚继光雕像

戚继光，字元敬，号南塘，晚号孟诸，汉族，山东登州人，明代著名抗倭将领、军事家，与俞大猷齐名。其率军之日于浙、闽、粤沿海诸地抗击来犯倭寇，历十余年，大小八十余战，终于扫平倭寇之患，被现代中国誉为“民族英雄”，卒谥武毅，世人称其带领的军队为“戚家军”。戚家军嘉靖三十八年（1559）成军于浙江义乌，总兵力四千人，主力是义乌农民和矿工。自成军起，大小数百战未尝败绩，其中比较有名的大战有：嘉靖四十年台州之役，经新河、花街、上峰岭、藤岭、长沙等战斗，十三战十三捷，斩杀真倭3000余级，烧杀溺毙无算；福建之役，总兵力六千，经横屿、牛田、林墩三战，斩真倭5000余级，其中横屿之战是一场精彩的步炮协同作战，先以火炮击沉倭寇战船并轰击倭寇大营，再以突击队强行登陆突破倭寇本阵，斩杀倭寇头领；嘉靖四十二年平海卫、仙游、王仓坪、蔡丕岭四战，斩真倭20000余级。

索马里海盗

索马里海盗，是一群专门在海上抢劫其他国家船只的犯罪者。1991年索马里内战的爆发，令亚丁湾这一带海盗活动更趋频繁，曾多次发生劫持、暴力伤害船员事件。2009年12月，索马里海盗当选为《时代周刊》“2009年年度风云人物”。大部分索马里海盗都是由于生活贫困，欧洲的渔船来捕金枪鱼，使当地的渔民赖以生存的渔业消失，为了谋求生路才从事了这个犯罪行道。被索马里和也门环抱的亚丁湾，位于印度洋与红海之间，是从印度洋通过红海和苏伊士运河进入地中海及大西洋的海上咽喉，

◆被捕的海盗

战略地位十分重要。据统计，每年通过苏伊士运河的船只约有 1.8 万艘，其中大多数都要经过亚丁湾，而这条重要国际航道也为索马里海盗提供了大量抢夺的目标。联合国秘书长特别代表艾哈迈杜·乌尔德—阿卜杜拉就索马里问题说，索马里沿海的海盗活动已经对国际航运、海上贸易和海上安全构成严重威胁，这种情况决不能再继续下去。

拓展思考

1. 你认为海盗对航海的危害是什么？
2. 如何才能躲避海盗呢？
3. 你有看过关于海盗的电影吗？
4. 说说你对海盗的认识吧！

纵横驰骋

——现代航海技术

随着战争的结束，世界经济快速发展，各国开始追求更高的利益和更强大的海上军事力量。一般的船舶已经跟不上时代的变化，人类开始将航海与科技相互结合，不断发展出更为大型和高速的船舶，并且将人造卫星和核动力系统、电子设备、网络技术、通信技术等运用到船舶中去，使得现代的航海事业发生了巨大的变化。

船舶的种类也变得越来越多样化，开始讲究分工合作，以增强航海的效益。而航空母舰的出现更是海上军事力量的一次震撼，它将空中打击力量与海上军事相互结合，催生了新一代的海洋霸主。人类的好奇心是无止境的，一直延伸到地球的两极，并且利用各种高技术船舶勘探各种能源以及地球海洋变化现象。

海洋中的巨无霸——航空母舰

◆“安提顿”号航空母舰

在美国东海岸汉普顿，美国“伯明翰”号轻型巡洋舰的舰首甲板上铺设着木制飞行跑道，一架“金鸟”号民航飞机驾驶员伊利决定，在军舰停泊的条件下强行起飞。他在海面上飞行了几千米，最后在海滩附近的一个广场上安全着陆，观看的人群中爆发出了热烈的欢呼。这是人类首次驾驶飞机从一艘军舰上起飞。两个月之后，飞机着舰试验在美国西海岸的旧金山进行，结果同样获得成功。这两次试验是航空母舰发展史上的里程碑，它证明飞机完全可以从军舰上起飞和降落并执行战斗任务，奠定了航空母舰作为一种新型战舰的生存基础。不久，作为主宰海空战场的新一代海上霸王，航空母舰正式走上历史舞台。

航空母舰

◆“兰利”号早期航空母舰模型

航空母舰，简称“航母”“空母”，苏联称之为“载机巡洋舰”，是一种可以提供军用飞机起飞和降落的军舰，也是以其舰载机编队，夺取海战区的制空权和制海权的大型水面舰艇。现代航空母舰及舰载机已成为高技术密集的军事系统工程。其一般总是一支航空母舰舰队中的核心舰船，有时还作为航母舰

◆俄罗斯航空母舰

◆美国企业级海军航空母舰

队的旗舰。航空母舰的主要武器装备是它装载的各种舰载机，有战斗机、轰炸机、攻击机、侦察机、预警机、反潜机、电子战机。航空母舰是用舰载机进行战斗，直接把敌人消灭在距离航母数百千米之外的领域。舰载机是航空母舰最好的进攻和防御武器。从理论上说，没有一种舰载雷达的扫描范围能超过预警机，没有一种舰载反舰导弹的射程能超过飞机的航程，没有一种舰载反潜设备的反潜能力超过反潜机或反潜直升机。航空母舰上也装备自卫武器，有火炮武器、导弹武器。苏联的航母同时装备有远程舰对舰导弹，从这一点来说苏联的的航母是航母与巡洋舰的混合体。

◆巨大的航空母舰

航空母舰种类很多，按所担负的任务分，有攻击航空母舰、反潜航空母舰、护航航空母舰和多用途航空母舰；按满载排水量大小可分为大型航母（排水量 6 万吨级以上），中型航母（排水量 3 万～6 万吨）和小型航母（排水量 3 万吨以下），其中排水量9万吨级以上的核动力航母称为超级航空母舰；按舰载机性能分，有固定翼飞机航空母舰和直升机航空母舰，前者可以搭乘和起降包括传统起降方式的固定翼飞机和直升机在内的各种飞机，而后者则只能起降直升机或是可以垂直起降的固定翼飞机；按动力装置可分为核动力航空母舰和常规动力航空母舰。

航空母舰源起

1917年3月，英国海军决定将一艘正在建造中的大型巡洋舰“暴怒”号改建为飞机母舰，由于舰上高耸的塔式桅杆和烟囱的阻碍，起飞后的飞机无法返回母舰。为了打破飞机着舰禁区，英国海军少校邓宁进行了勇敢的尝试。在第一次成功后，他进行第二次的降落飞行，然而飞机翻出军舰坠入海中，邓宁不幸以身殉职。血的教训使英国人明白，仅依靠驾驶员的技术是无法弥补装备方面的根本缺陷的，要实现常规飞机在军舰上的安全起降，必须彻底改变母舰的结构。英国人下决心建造一艘真正意义上的航空母舰。从1917年开始，英国海军将建造中的客轮“卡吉林”号改装成世界上第一艘具有全通飞行甲板的航空母舰“百眼巨人”号。舰上原有的烟囱被拆除，设计人员设计出从主甲板下面通向舰尾的水平排烟道，从而清除了妨碍飞机起降的最大障碍。飞行跑道前后贯通，形成了全通式的飞行甲板，极大地方便了舰载机的起降作业。“百眼

◆世界第一艘航空母舰“百眼巨人”号

◆英国“皇家方舟”号航空母舰

巨人”号初具了现代航母的雏形。1918 年 5 月，“百眼巨人”号的改装工程完工。该舰标准排水量为 14450 吨，最大航速 20 节，可搭载飞机 20 架。它还没进入战场，世界大战就结束了。但是，作为世界上第一艘具有全通飞行甲板的航空母舰，“百眼巨人”号在航母发展史上的开拓性地位是无法抹杀的。

链接——中途岛海战

◆美国“约克城”号航母

◆日本“加贺”号航母

中途岛海战是第二次世界大战中，也是世界海战史上一场空前绝后的航母大战。中途岛是太平洋上的一个小岛，但却是美军的前哨阵地，具有重要的战略意义。日军意欲夺取中途岛，并寻机诱歼美军太平洋舰队主力。日本海军第一机动部队拥有“赤城”号、“加贺”号、“飞龙”号、“苍龙”号四艘大型航母，而美军只剩下了“企业”号、“大黄蜂”号和负伤的“约克城”号三艘航母，双方实力可想而知。然而，最后的结果对日本海军而言却是灾难性的。日军的致命错误是对敌情判断不明和指挥官决策失误。它先是无法确定美军舰队的准确位置，后又不能确定舰队中是否含有航母。为了收回袭击中途岛的己方飞机，它又耽误了攻击飞机的出击，丧失了千金难买的宝贵时间。当然，美军的飞行员不怕牺牲进行攻击也是主要的原因之一。双方对航母的运用达到了登峰造极的程度，而美军最终以损失 1 艘航母的代价击沉了 4 艘日军大型攻击航母，更为严重的是，日军失去了大批富有实战经验的飞行员，从此太平洋战场的形势发生逆转，战争胜负的天平开始向美军倾斜。

战后航空母舰的发展

二战结束后，美国看到了航空母舰的巨大威力和前景，加上美国有称霸全球的野心，使得美国的航空母舰得到巨大的发展。“中途岛”级航母是美国在二战中开始建造的，它们走过了从二战时期航母向战后现代化航母转变的路程，载机从螺旋桨式变成了喷气式。而“福莱斯特”级是战后美国首级专为搭载喷气式飞机而建造的航母，该级舰的舰体结构有了突破性发展。其舰体从舰底到飞行甲板形成整体箱形结构，增强了整个舰体的强度；首次采用封闭式舰首、封闭式机库、封闭式飞行甲板和斜角式飞行甲板。接着就是“小鹰”级航母，也是航空母舰发展史上最大、最先进的一级常规动力航母，但常规动力航母在美国也走到了尽头。“肯尼迪”号航母是美国历史上最后一艘常规动力航母。

◆“中途岛”级航空母舰

◆“肯尼迪”号航空母舰

1958 年 2 月 4 日，美国第一艘，也是世界上第一艘核动力航空母舰“企业”号开工建造。它于 1961 年 11 月 25 日建成服役。与前辈们相比，

◆法国“戴高乐”号航空母舰

“企业”号的核动力体现出了一系列的优越性：一是没有烟囱，有利于飞机的起飞和降落；二是大量空间被节省下来，可以装载更多的航空燃油、武器弹药和补给品；三是核动力使航母具有了近乎无限的机动能力。核燃料更换一次即可连续航行数十万海里，这是常规航母无法达到的。随着美国航母事业的高速发展，其余各国也相继开始对航母重视起来。俄罗斯历尽坎坷发展了“基辅”级航母，尽管与美国的大型航母无法相比，但它总算可以起降固定翼飞机了；法国主要发展中型航母，其中较为著名的就是“戴高乐”号航空母舰；英国除了本身就拥有的三艘轻型航母之外，也准备建造大型的航空母舰。

小资料：世界上最大的航空母舰

◆“尼米兹”级“乔治·布什”号航空母舰

“尼米兹”级航母是当今世界上最大、最先进的航母，现有10艘，其中第十艘就是“乔治·布什”号，由于建造的晚，它使用了更加先进的技术，现代化程度更高。在动力上，舰上两个核反应堆可供军舰连续工作20年，且不需要添加燃料。在自身防护方面，无论是水下防护还是对反舰导弹的防护，它都更加重视，包括两舷、舰底、机库甲板都是双层船体结构，舰内有数十道水密横舱壁，水下部分有增厚甲板、多层防雷隔舱。在攻击力方面，它最多可搭载近100架飞机，并拥有多座对空导弹发射系统和近防炮。它拥有更先进的雷达和导航仪器，线缆和天线均采用内置设置，从而更突出了隐身性；它的自动化管理程度更高，舰上一次装载的食物可供全舰6000名官兵使用90天。

未来航空母舰构想——浮岛

◆浮岛式航空母舰构想

归根到底，航母的作用就是担当海上平台，其本身没有什么作战能力。那何不直接建造一个巨大的海上机场呢？近些年来，“浮岛”的概念逐渐被人们提出来。加拿大和日本设想的浮岛式航母基本是固定式建筑，相当于在海上建造一个小型飞机场，跑道长1000米左右，可供各种飞机安全起降，而造价只有几亿美元。美国设想建造一个排水量50万吨，全长900米、宽90米、高60米，可搭载300～500架各种类型的陆基飞机，航速6节，造价只有12亿美元的大型半潜型浮岛式海上机场，它由6个独立的组装模组拼接而成，其飞行甲板面积比10万

◆拼接式航母建造构想图

吨级的“尼米兹”级航母还大两三倍，进驻的飞机数量当然也多2～3倍。这种浮岛式航母的原意是“浮动式海上基地”。其实，作为近海防御型海军国家，这样的平台非常合算，能够航行和更好地机动，为了节省经费，即便是不能机动的固定式海上平台也没关系。如果在专属经济区和大陆架争议地带的前沿海域，进驻一些作战或支援飞机，同时也可为军舰提供一些支援，从而能够使海、空军力量在中远海域进行正常巡逻，以捍卫国家主权和海洋权益，其威慑作用是相当明显的。

拓展思考

1. 你了解航空母舰的发展历史吗？
2. 航空母舰的最大威力是什么呢？
3. 你知道飞机是如何在航母上起落的吗？
4. 你能说说航母对中国海上军事力量的发展能起到什么作用吗？

海上作业分工合作——船舶专业化

◆工作船

第二次世界大战以后，由于科学技术的发展，各种专用船发展很快。其中杂货船用途广泛，适应性强，在艘数上至今仍占首位。典型的杂货船都以低速柴油机为动力，载重量不超过 2 万吨，航速每小时 15 海里左右。20 世纪 50 年代中期水路集装箱运输兴起，后期因为世界各国都急需使用各种能源，因此也就出现了装运液化天然气和液化石油气的液化气船。而伴随着货船的高速发展和海洋能源的开发和利用，海洋上更是出现了各种为船舶服务的工作船，以及建设海洋设备装置的工作船。其他各种形式的专业船舶也逐渐发展起来。

客船

客船，用于运送旅客，也装运少量货物。以载客为主，兼运部分货物的是客货轮；以载货为主，兼运少量旅客的是货客轮。客船一般有完善的上层建筑，用以布置各种类别的客舱及一些服务舱室；对救生、防火、抗沉等安全要

根据《国际海上人命安全公约》，凡载客 12 人以上的船舶即为客船，无论是否同时载有货物。

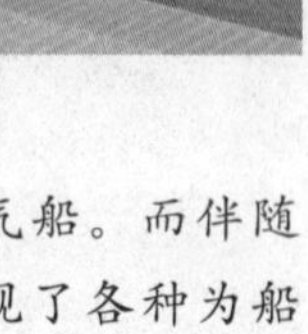

◆意大利游轮

求严格；有较高的舒适性，具有良好的隔声、避震性能；有较高的航速和功率储备。客船通常航线固定、航班定期。由于航空运输的发展，一些客船逐渐走出了人们的视线。20世纪60以后，随着旅游事业的发展，为观光游览而专门设计建造的游轮越来越多，这些游轮除具备一般客船的基本功能外，大多提供专门的观景、娱乐设施和服务项目。于是现代的客船已转向沿海和近海短程运输，并多从事旅游业务，而内陆水域的客船仍是许多国家的一种重要的客运工具。

小贴士——世界最大游轮

◆世界最大游轮"海洋绿洲"号的中央公园一部分

"海洋绿洲"号豪华游轮，是目前世界上最大的超级游轮，它拥有16层甲板和2000个客舱，可乘载6000名乘客，船上还拥有一座大型购物商场、众多酒吧饭店、一座足球场大小的户外圆形剧场以及攀岩墙等体育设施。当它在海上航行时，就像是一座"旅行的城市"。"海洋绿洲"号耗资7亿英镑，长360米、宽65米、高72米，排水量22万吨，比"泰坦尼克"号还要大3倍、重5倍。让它像一座城市的地方就是位于邮轮第八层的"中央公园"，该公园总面积约为1900平方米，中心区域栽种着来自加勒比的热带花卉、灌木和足足超过两层半甲板高的参天大树。整个中央公园最吸引人的当属全球独一无二的海上旋转木马，它的尺寸与游乐园里的完全相同。这里还有全球最大、最深的淡水游泳池，池底可以任意升降，白天游泳，而夜晚可用来跳舞。

液货船

◆中国第一艘 30 万吨级超大型原油船

◆液化天然气船

液货船指专门载运液体货物的船舶。液体货物主要有油、液化气、淡水和化学药液等，其中运量最大的是石油及其制品。按载运的货物不同，又可分为原油船、成品油船、液体化学品船、液化气船等。其中原油船是专门用于载运原油的船舶，简称油船。由于原油运量巨大，油船载重量亦可达 50 多万吨，是船舶中的最大者。其结构上一般为单底，随着环保要求的提高，结构正向双壳、双底的形式演变。上层建筑设于船尾。甲板上无大的舱口，用泵和管道装卸原油。设有加热设施在低温时对原油加热，防止其凝固而影响装卸。超大型油船的吃水可达 25 米，往往无法靠岸装卸，而必须借助于水底管道来装卸原油。油船是主要用来装运液体货物的船舶。油槽船根据所装货物种类不同，又可分为油轮和液化天然气船。油船的特点是机舱都设在船尾，船壳衣身被分隔成数个贮油舱，有油管贯通各油舱。油舱大多采用纵向式结构，并设有纵向舱壁，在未装满货时也能保持船舶的平稳性。为取得较大的经济效益，二战以后油轮的载重吨位不断地增加，目前世界上最大的油轮载重吨位已超过 60 万吨。

链接——FPSO

◆海上浮式生产储油船

Floating Production Storage & Offloading，缩写FPSO，中文名称是海上浮式生产储油船。它集生产处理、储存外输及生活、动力供应于一体，被人们称为“海上油气加工厂”。它主要是把来自油井的油气水等混合液经过加工处理成合格的原油或天然气，成品原油储存在货油舱，到一定储量时经过外输系统输送到穿梭油轮。作为集油气生产、储存及外输功能于一身的FPSO，具有高风险、高技术、高附加值、高投入、高回报的综合性海洋工程特点。同时FPSO具有抗风浪能力强、适应水深范围广、储/卸油能力大及可以转移、重复使用等优点，广泛应用于远离海岸的深海、浅海海域及边际油田的开发。

渔业船舶

渔船，即渔业船舶，进行鱼类捕捞、加工、运输的船舶统称，是捕捞和采收水生动植物的船舶，也包括现代捕捞生产的一些辅助船只，如进行水产品加工、运输、养殖、资源调查、渔业指导和训练以及执行渔政任务等的船舶。多数捕捞船只的船型较小，但为适应在风浪中连续航行、作业，要求有较好的稳定性、耐波性和适航性，结构需特别牢固。除配置一般船用设备外，还需配备捕捞设备、保鲜和加工设备、助渔和导航设备等，渔舱要求隔热设施性能好。捕捞渔船的主机功率一般为每总吨1500～

4500千瓦，有的高达6000～7000瓦。大、中型捕捞渔船及渔业基地船因配备冻结和加工设备，其发动机功率为主机功率的65%～85%。为了提高主机效率，船上的发动机、捕捞绞机、制冷装置、空压机等往往由主机驱动，增加了动力装置的复杂程度。拖网渔船、渔业调查船、延绳钓渔船等工作状况多变，常采用可调螺距螺旋桨并装有助推器，以合理利用主机功率和提高船的机动性、灵活性和转向性能。为保证渔获物的质量，保鲜是渔船的重要功能之一。船上的保鲜方式一般有冰藏、冷海水保鲜、盐藏、微冻、冻结等。

◆渔船

小资料——捕鲸船

鲸是生活在海洋中的世界上存在的哺乳动物中体形最大的哺乳动物。鲸的繁殖能力很差，平均两年才产下一头幼鲸。由于人类的捕杀和海洋环境的污染，鲸的数量已经急剧减少。如，鲸类中体型最大的蓝鲸，目前仅存不到5000头。捕鲸船，顾名思义是专供猎捕鲸用的船。船型尖瘦，航速较高，主机功率较大，回转性和机动性良好，首部高昂、尾部较低，耐波性好；设有捕鲸炮，以及探鲸仪、测向仪和鲸示踪器等专用仪器；一般不设冷藏和加工设备，将鲸运到鲸工船或基地处理；排水量约数百吨，最大航速可达20节左右，自持力1～2月。

◆日本“勇新”号捕鲸船

拓展思考

1. 注意观察你身边的船，你能说出它们的作用吗？
2. 你能说说专业船舶对航海有什么影响吗？
3. 除了上述的船舶分类，你还能说出其他专业船舶吗？
4. 你能说说中国船舶的发展历史吗？

海上武力——军舰

◆属于中国东海舰队江卫Ⅱ号军舰

在人类认识海洋并从其中获得利益之后，人类之间就开始出现为了争夺利益而爆发的各种争斗，其中当然也包括发生在海洋中的。船舶不仅仅是一种航行和捕鱼的工具，同时也可以作为维护自身或侵略其他部落的武力。随着科学技术的不断发展，战争也逐渐升级。在现代，人们一般把海上的战船称为军舰，与一般民用船舶区分开来。它有着各种威力强大的武器，有飞机、舰炮、鱼雷、水雷、深水炸弹和导弹等，能够对敌方的船舶造成巨大伤害，甚至沉没；同时也可以起到运输军队人员的作用，提供陆地部队进攻陆地目标的工具。

认识军舰

军舰，又称海军舰艇，一般指在海上执行战斗任务的船舶。直接执行战斗任务的叫战斗舰艇，执行辅助战斗任务的是辅助战斗舰艇。军舰与一般船舶的区别主要在于它的武器系统和装有各种用于作战的无线电、雷达、敌我识别器等多种电子装备。从舰体上看，可以在军舰的桅杆上看到许多的天线。另外，军舰舰体上油漆与民用船舶不同，海军军舰的外表一般漆上蓝灰色油漆，陆军军舰的外表一般漆上草绿色油漆。在海军舰尾悬挂海军旗或国旗，一般战斗舰艇舰尾挂海军旗，辅助战斗舰艇舰尾挂国旗。国际上默认军舰是国家领土的一部分，在外国领海和内水中航行或停泊时享有外交特权与豁免权。

小博士

中国军舰等级区分

根据人民解放军军事科学院出版的《海军部队编制》一书，我们可以看出中国海军将军舰分为从 1 到 5 共五个等级：1 级舰是航空母舰、战列舰、巡洋舰；2 级舰是驱逐舰、护卫舰、潜艇、登陆舰（大型登陆舰）等；3 级舰艇是导弹艇（大型导弹艇）、猎潜艇、扫雷艇、登陆舰（中型登陆舰）等；4 级舰艇是小型导弹艇、鱼雷艇、炮艇、小型扫雷艇等；5 级舰艇是登陆艇。

主要战力——战列舰

◆战列舰

战列舰又称为战斗舰、主力舰，是一种以大口径舰炮为主要战斗武器的大型水面战斗舰艇。20 世纪初到第二次世界大战，战列舰是唯一具备远程打击手段的战略武器平台，因此受到各海军强国的重视。“战列舰”的名称是随着英国与荷兰战争中海军战术的改变而出现的，当时海战方式为交战双方的舰队在海战中各自排成单列纵队的战列线，进行同向异舷或异向同舷的舷侧方向火炮对射。凡是其规模足够大，可以参加此种战斗的舰船均被称作“战列舰”。战列舰上装备有威力巨大的大口径舰炮和厚重装甲，具有强大的攻击力和防护力，所以，战列舰曾经是海军编队的战斗核心，是水面战斗舰艇编队的主力。1638 年建成的英舰“海上君王”号便是这种战舰的第一艘，它有 3 层舷炮甲板和 102 门火炮。这时的战列舰都是木制的帆船。19 世纪中叶之后，随着科学技术和造船工业的发展，风帆动力战列舰逐渐让位给蒸汽动力战列舰，战列舰进入以蒸汽机为动力的钢铁军舰时代。而第二次世界大战后，由于航空母舰和潜艇成为主要战争武器，各国的战列舰纷纷作为废钢铁出售给私人公司拆毁，或作为靶舰和武器试验平台遭到摧毁。

◆“衣阿华”级战列舰正在开火

机动灵活——巡洋舰

巡洋舰是在排水量、火力、装甲防护等方面仅次于战列舰的大型水面舰艇，可以长时间巡航在海上，并以机动性为主要特性，拥有较高的航速，具备同时对付多个作战目标的能力。历史上巡洋舰一开始是指可以独立行动的战舰，可执行海上攻防、破交、护航、掩护登陆、对岸炮击、防空、反潜、警戒、巡逻等任务。现代巡洋舰排水量一般在0.8万吨～3万吨，装备有各种导弹、火炮、鱼雷等武器。大部分巡洋舰可携带直升机，动力装置多采用蒸汽轮机，少数采用核动力装置。随着海军航空兵的崛起，巡洋舰的地位日渐衰落。在现代战争中，巡洋舰实际上已经几乎消失了，它们的作用完全被驱逐舰代替。

◆“光荣”级导弹巡洋舰

小资料——战列巡洋舰

战列巡洋舰是一种20世纪初兴建的一种大型战舰，是在装甲巡洋舰的基础上演变过来的一种功能性很强的新型主力舰。设计战列巡洋舰的主导思想可以轻而易举地击毁巡洋舰，因为其主炮使它在进入巡洋舰的射程内之前就已经可以对敌舰发起进攻，而它的高航速使它可以逃避敌人的战列舰，或在海战中袭击对方已经被损坏的战列舰。战列巡洋舰的主炮口径比装甲巡洋舰大，单从主炮口径大小和威力方面来看，战列巡洋舰可以与战列舰媲美，但防护装甲比战列舰薄。装甲方面省下来的重量被用在更强大的驱动装置上，这为战列巡洋舰提供了更高的速度。

海上多面手——驱逐舰

◆法国“絮弗伦”级驱逐舰

驱逐舰是一种多用途的军舰，是19世纪90年代至今的海军重要的舰种之一，是以导弹、鱼雷、舰炮等为主要武器，具有多种作战能力的中型军舰。它是海军舰队中突击力较强的舰种之一，用于攻击潜艇和水面舰船、舰队防空，以及护航、侦察巡逻警戒、布雷、袭击岸上目标等，是现代海军舰艇中用途最广泛、数量最多的舰艇，有“海上多面手”的称号。

◆英国最新的45型防空驱逐舰“勇敢”号

第二次世界大战结束后，驱逐舰发生了巨大的变化，反潜作战上升为其主要任务，鱼雷武器主要被用于反潜作战，防空专用的火炮逐渐成为驱逐舰的标准装备，而且驱逐舰的排水量不断加大。而 20 世纪 60 年代以后，随着飞机与潜艇性能提升以及导弹的逐渐应用，对空导弹、反潜导弹逐步被安装到驱逐舰上，舰载火炮不断减少并且更加轻巧。现代驱逐舰装备有防空、反潜、对海等多种武器，既能在海军舰艇编队担任进攻性的突击任务，又能担任作战编队的防空、反潜护卫任务，还可在登陆、抗登陆作战中担任支援兵力，以及担任巡逻、警戒、侦察、海上封锁和海上救援等任务。

小贴士——勤务舰船

◆“仁慈”号医院船

勤务舰船亦称辅助舰船或军辅船，用于海上战斗保障、技术保障和后勤保障等勤务。船体多为排水型，钢材结构，采用柴油机或蒸汽轮机动力装置；满载排水量，小的只有十几吨，大的达数万吨；航速 30 节以下。勤务舰船装备有适应其用途的装置和设备，有的装备有自卫武器，其中有的可用于海上侦察，有电子侦察船、海洋监视船等侦察船。也有用于海上通信的通信中继船、卫星通信船等，另外还有用于海区、航道测量和海洋的地质、地貌、水文、气象、物理、化学、生物等方面进行调查的海洋调查船，还有防险救生船、工程船、破冰船、试验船、训练舰船、供应舰船、运输舰船、修理船、医院船和基地勤务船等。

坚守负责——护卫舰

护卫舰是一种古老的舰种，早在 16 世纪时，人们就把一种三桅武装帆船称为护卫舰。初期的护卫舰排水量为 240 吨～400 吨。第一次工业革命后，西方各国在非洲、亚洲、美洲、大洋洲各地获得了众多的殖民地，为

◆“康定”级护卫舰

保护自身殖民地的安全，西方各国建造了一批排水量较小，适合在殖民地近海活动，用于警戒、巡逻和保护己方商船的中小型舰只，这也是护卫舰的前身之一。现代护卫舰是以中小口径舰炮、各种导弹、水中武器为主要武器的中型或轻型军舰，可以执行护航、反潜、防空、侦察、警戒巡逻、布雷、支援登陆和保障陆军濒海翼侧等作战任务，曾被称为“护航舰”或“护航驱逐舰”。在现代海军编队中，护卫舰由于其吨位较小，自持力较驱逐舰为弱，远洋作战能力逊于驱逐舰。它是一个传统的海军舰种，也是当代世界各国建造数量最多、分布最广、参战机会最多的一种中型水面舰艇。

拓展思考

1. 你觉得战争是有必要的吗？
2. 军舰和民用船只有什么区别？
3. 军舰的主要攻击性武器有哪些呢？
4. 除了上述介绍，你能说出中国军舰还有哪些吗？

海上的超级仓库——大型船舶

◆大型集装箱船

随着世界经济不断趋于全球化和一体化，对于货物的运输要求越来越高，而航空运输不仅运输数量少，并且价钱昂贵，使得各国将目光都投向了海运。目前全球集装箱运输网络正在逐步形成，特别是近年来，全球货运需求量的强势增长，运输干线和集装箱枢纽港的出现以及航运技术的不断发展，使超巴拿马型集装箱船及比其更大的船型受到越来越多承运人的青睐。集装箱船大型化的趋势日益明显，这对各班轮公司和全球集装箱港口都会产生深远影响，极大地繁荣了当地的经济市场。

集装箱船

◆东方中国集装箱船

集装箱船完全是一种新型的船。它没有内部甲板，机舱设在船尾，船体其实就是一座庞大的仓库，可达300米长，再用垂直导轨分为小舱。当集装箱下舱时，这些集装箱装置起着定位作用，船在海上遇到恶劣天气时，它们又可以牢牢地固定住集装箱。因为集装箱都是金属制成，而且是密封的，里面的货物不会受雨水或海水的侵蚀。集装箱船舶的大型化进程可分为六个发展阶段：普通货船改

◆巴拿马型集装箱船

◆正在卸货的集装箱船

装成集装箱船；早期集装箱船；早期巴拿马型船；极限巴拿马型船；早期超巴拿马型船；特超巴拿马型船。船公司在主干航线上采用合理的配船方式，保证大型集装箱船舶达到合理的载箱率，可使其进一步降低营运成本。因此，如果没有技术条件制约和不考虑港口费用增加的情况下，船公司将采用更为大型的集装箱船舶，以进一步降低营运成本，增强竞争力。

从理论上讲，单船运力超过 8000TEU 的超大型集装箱船舶带来的最大好处是每一个航次的集装箱运量高，挂靠的港口次数减少，平均每一只集装箱的成本费用比单船 5000～6000TEU 的集装箱船舶低约 10％至 12％，比单船运力 4000TEU 的集装箱船舶低 30％，从而提高集装箱船舶经营人的经济效益。但是，得出这一结论的前提是超大型集装箱船舶必须满箱满载，否则，超大型集装箱船舶的所谓优势就不复存在了。从经营实际和目前的发展趋势看，集装箱船大型化进程还在继续。据报道，丹麦一家造船厂已经规划与其他公司合作建造 12500TEU 的苏伊士级集装箱船。之所以称其为苏伊士级，是因为 12500TEU 集装箱船的设计吃水为 15 米左右，船体宽度近 50 米，是目前正好能通过苏伊士运河的船舶最大限度，而荷兰学术界正在研究建造通过马六甲海峡的最大集装箱船舶的可行性。

小博士

TEU

TEU是英文 Twenty-foot Equivalent Unit 的缩写，是以长度约为6米的集装箱为国际计量单位，也称国际标准箱单位。它通常用来表示船舶装载集装箱的能力，也是集装箱和港口吞吐量的重要统计、换算单。

深水港

◆英国费力克斯托港

◆天津港

简单地说，水位在－15米以下的称为深水港。在一个港口发展集装箱运输，必须有深水航道、深水泊位，尤其是规划成为集装箱运输的枢纽港。现在，第六代或超大型集装箱船（能载7000～8000TEU）一艘艘投入营运。2004年，仅丹麦马七基海陆航运公司一家，就拥有8000TEU的集装箱船24艘。在2004—2007年期间，全球建造L7000TEU的队装箱船107艘，其中有8000TEU的巨型船87艘。众所周知，油轮、散货船、（自卸式）杂货船等如其吨位大，进吃水深，进不了港，则可以港外海上卸载驳运，而人吨位的集装箱船只能进港系靠码头后进行装卸作业，其需要固定的码头作为堆场，更需要固定在码头上的装卸桥装卸集装箱，在港外海上装卸驳运集装箱是不可能的，也是不允许的。如是，或船翻沉，或集装箱掉进海里。第六代集装箱船及万箱位船，其吃水至少14米，如要进港系泊，当然要求航道水深和码头前沿水深均在－15米以下。一个港口，没有深水航道和深水泊位，就不能接纳大型集装箱船，只能是支线港、喂给港，只能为大型深水港配套服务。

小知识

据不完全统计，全球共有－15米以下深水港25个。其中中国的深水港包括中国台湾地区的高雄港、中国香港、海港、天津港和宁波港。

超级油轮

◆双硬棱船体超级油轮

超级油轮是指载重量超过16万吨的特大型油轮，素有“海上浮动油库”之称。二战后，随着海上货运量迅速增加，各种货运船舶的吨位向着大型化方向发展，尤其是油轮吨位越来越大。1952年世界上最大的油轮还只有3万吨级，到1976年法国建造的“巴蒂吕斯”号超级油轮载重量竟达到了55万吨。各个国家在建造油轮过程中发现，油轮的载重量增加并不与其尺度成正比例增加，在大幅度增加载重量时，油轮的主尺度增加并不多。而建造一艘超级油轮需要钢材量比起建造几艘普通油轮而言，需要钢材量还要少许多。另外，超级油轮维持一定速度所需主机功率相对较小。按照经济学家们的说法，超级油轮吨位越大，每载重吨造价和单位运价降低更多。正是这样的原因，油轮向着大型化方向发展，吨位越来越大。超级油轮的形状、构造特殊，均采用球鼻首，即在船体首部有一个球形鼻子，以降低水阻力。油轮的货舱口做得又小又高。同时，为了减少太阳辐射，降低油舱温度，超级油轮外壳漆成浅色，在油舱内设置有完善、高效的消防设备，以防火警的发生。

小贴士——世界最大的船

◆“诺克·耐维斯”号超级油轮

“诺克·耐维斯”号是一艘新加坡籍、属于超大型原油运输船等级的超级油轮，也是世界上最长的船只与最长的人工制造水面漂浮物，船长超过400米，比横躺下来的埃菲尔铁塔还长。诺克·耐维斯号能够容纳将近650000立方米的原油（将近410万桶），然而，满载后的这艘船吃水超过24米，因此无法通过水深较浅的世界主要航道，例如巴拿马运河与苏伊士运河等人工河道，或甚至连英吉利海峡也无法穿越。虽然是世界上最巨大的船只，但因为高度的自动化设计与电脑辅助，诺克·耐维斯号仅需用35～40名船员就能顺利航行。

船舶大型化存在限制因素

今天，几乎没有一家航运公司对于超大型集装箱船舶所能带来的成本优势产生怀疑。集装箱船舶的营运成本主要包括：人员工资、保险、船舶管理费、港口费用、M&R、贮藏和润滑油以及燃料，其中港口费用和燃

◆停靠在港口的集装箱船

料大约占总营运成本的70%，而燃料更是占有更大的比重，约为50%。由此可见，燃料是制约集装箱船舶营运成本高低的最主要因素。随着集装箱船舶的扩大，在18000TEU时营运成本开始缓慢上升。因此，从单个集装箱的营运成本角度考虑，10000TEU的集装箱船舶在营运成本上是最有优势的。但超大型集装箱船舶停靠时，对港口有着几个方面的要求，其中包括受港口吃水的限制、受装卸能力的限制、受基础设施的限制和航线限制。这些因素加上超大的船体和吃水的深度使得航线单一，常常会出现无法直航，导致航线变长，同样也极大地损失了经济效益，而超级油轮也存在一样的困扰。

点 击

吃水即船舶浸在水里的深度。它的大小不仅取决于船舶和船载所有物品，如货物、压载物、燃料和备件的重量，而且还取决于船舶所处水的密度。

拓展思考

1. 注意观察你身边的船舶，你有发现这些船舶越来越大吗？
2. 你是如何估计船舶的大小呢？
3. 你觉得深水港主要的作用是什么呢？
4. 你能说说超大型船舶与普通船舶各自的优势吗？

航海数据传输——船舶电子化

随着航海业的发展，船舶不断大型化和高速化，对于航行中各种地理位置、航线情况都需要及时了解，传统的纸质印刷海图已不适应船舶自动化和航海智能化的发展要求，电子海图显示与信息系统在近十几年研发成功并不断完善。该系统不但能很好地提供纸质印刷海图的有用信息，而且取代了传统的手工海图作业，综合了 GPS、APPA、AIS 等各种现代化的导航设备所获得的信息，成为一种集成式的航海信息系统，被称为是“航海领域的一场技术革命”。

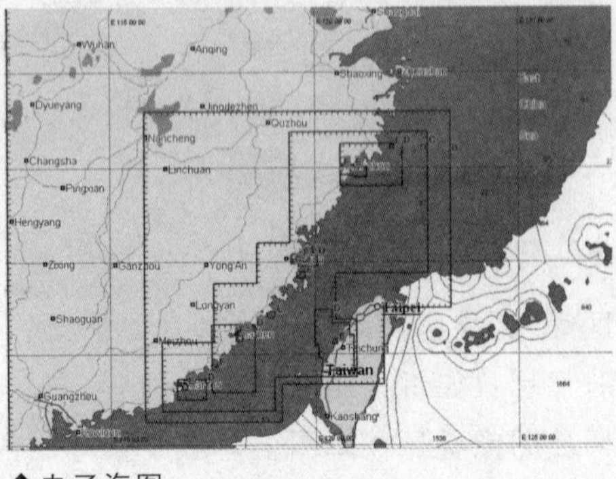

◆电子海图

电子海图

电子海图显示与信息系统（ECDIS）是继雷达和自动雷达标绘仪之后，在船舶导航方面的又一项伟大的技术革命，已发展成为一种新型的船舶导航系统和辅助决策系统。它不仅能连续给出船位，还能提供与航海有关的各种信息，有效地防范各种险情。目前世界上安装电子海图的舶船在 20 万艘以上。随着各国官方电

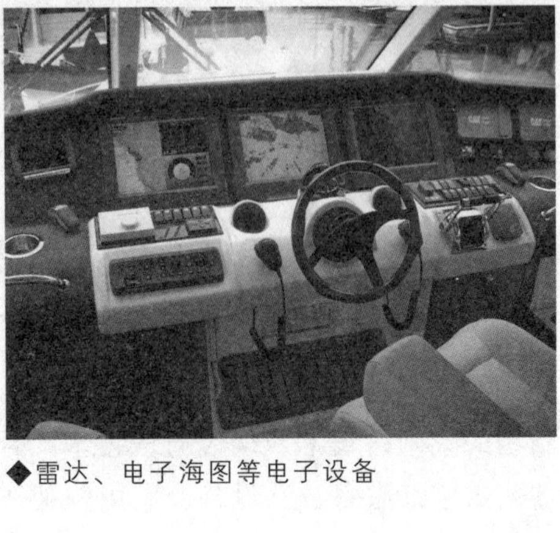
◆雷达、电子海图等电子设备

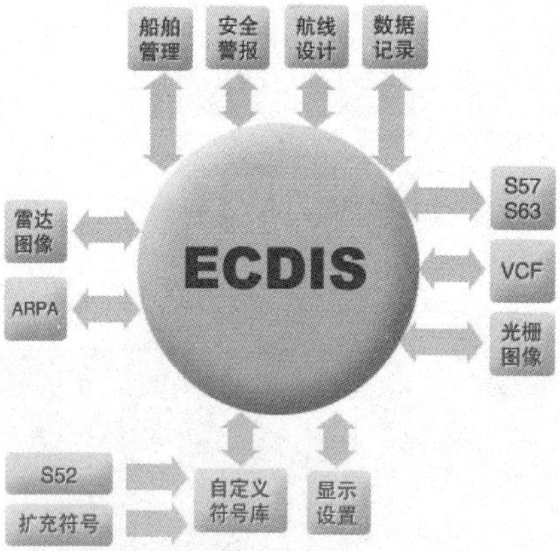

◆ECDIS系统工作原理图

子海图（ENC）的逐步完备，标准ECDIS的出现以及IMO的认可，未来十年左右的电子海图显示与信息系统将全面取代纸海图，成为21世纪航海信息综合处理手段。

电子海图之所以被高度重视，是因为它具有传统纸海图无法比拟的优点。电子海图系统可以进行自动航线设计、航向航迹监测、自动存储本船航迹、历史航程重新演示、航行自动警报（如偏航、误入危险区等）、快速查询各种信息（如水文、港口、潮汐、海流等）、船舶动态实时显示（如每秒刷新船位、航速、航向等），将雷达和自动雷达标绘仪的回波图像叠显在海图上，数千幅海图的自动更正只需几分钟。

链接——电子海图种类

光栅海图，是电子海图数据库的一种形式，通过对纸海图的一次性扫描，形成单一的数字信息文件。

矢量海图，是电子海图数据库的另一种形式，数字化的海图信息分类存储，因此可查询任意图标的细节（如灯标位置、颜色、周期等），海图要素分层显示。

船舶自动识别系统（AIS）

船舶自动识别系统由岸基（基站）设施和船载设备共同组成，是一种新型的集网络技术、现代通信技术、计算机技术、电子信息显示技术为一体的数字助航系统和设备。它由舰船飞机之敌我识别器发展而成，配合全球定位系统（GPS），将船位、船速、改变航向率及航向等船舶动态结合船

◆AIS 船舶自动识别仪

名、呼号、吃水及危险货物等船舶静态资料由甚高频（VHF）频道向附近水域船舶及岸台广播，使邻近船舶及岸台能及时掌握附近海面所有船舶的动静态资讯，从而立刻互相通话协调，采取必要避让行动，对船舶安全有很大帮助。AIS 的正确使用有助于加强海上生命安全，提高航行的安全性和效率，以及对海洋环境的保护。AIS 的功能有：识别船只；协助追踪目标；简化信息交流；提供其他辅助信息以避免碰撞发生。高精度的定位手段及全球卫星定位系统（民用 GPS）的定位已经可以保证优于 10 米的精度（实测可达 3 米的精度）；船舶全球的唯一编码为 MMSI 码；SOTDMA（自控时分多址连接）技术是通过数据打包链接的技术。AIS 技术标准规定：每分钟划分为 4500 个时间段，每个时间段可发布一条不长于 256 比特的信息，长于 256 比特的信息需增加时间段。每条船舶会通过询问（自动）选择一个与他船不发生冲突的时间段和对应的时间段来发布本船的信息。

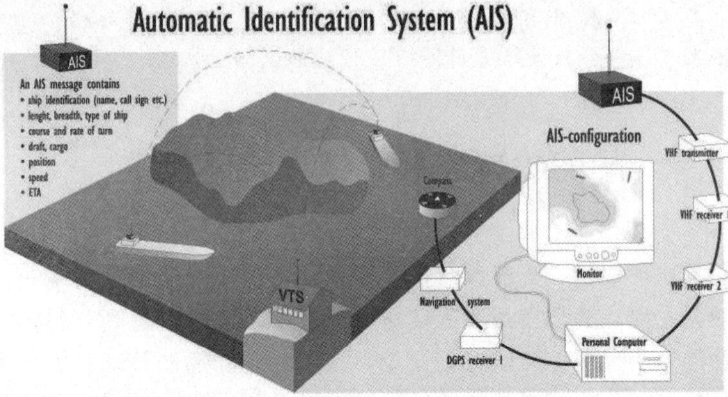

◆AIS 系统工作原理图

小资料——船舶“黑匣子”

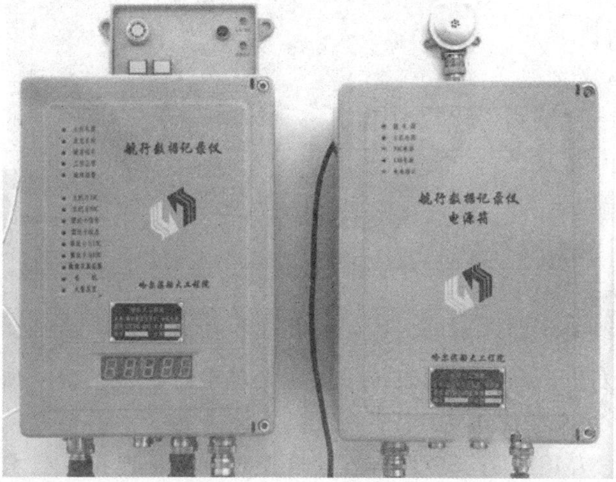

◆船载航行数据记录仪

以往的船舶状态信息和操作信息主要依靠航海日志和车钟记录，由于操作频繁，一般无法及时记录和准确记录，或者有的为了逃避而伪造记录，导致记录的资料不准确。海难事故发生后人工的记录方式资料可利用性大大降低，同时增加了事故分析的难度和真实性。船载航行数据记录仪（VDR）系指一个记录与船舶航行及操作有关数据的完整系统，包括用于数据处理和数据编码所要求的任何与输入数据源接口的项目、在其容器中的最终记录介质、电源供应和专用备用电源等设备，是一种以安全并可恢复的方式，实施记录保存有关船舶发生事故前后一段时间内的船舶位置、动态、物理状况、命令和操纵手段等有关信息的仪器。

船舶船岸信息一体化网络技术

船舶日益现代化、智能化与快节奏营运，要求有高素质的船员维护和操纵船舶，发展趋势是加强船公司对所属船舶的监控和管理，提高应对突发事件的能力，确保船舶航行更安全，主要体现在船舶管理智能化和船岸管理一体化。一体化网络是船舶的信息基础设施，为船舶各分系统提供全面的信息交换环境，主要包括：IP 网络系统、IP 语音和 IP 视频系统、CTI 服务和船舶控制自动化网络等。在信息技术的推动下，大型船舶设备

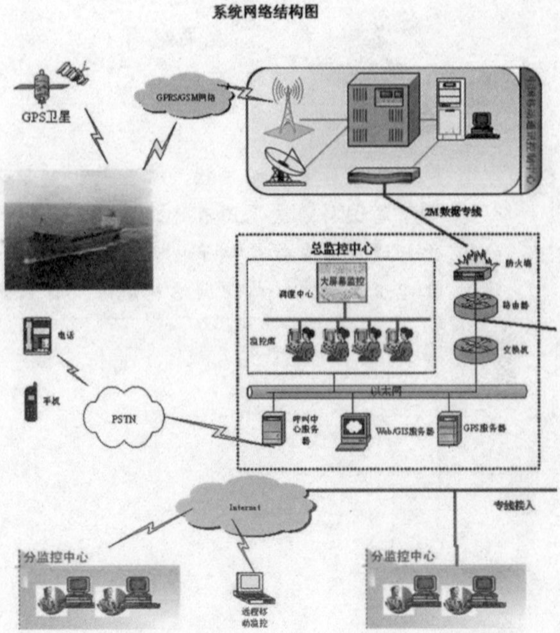

◆船岸一体化信息网络

信息化、智能化程度不断提高，船舶局域网应用范围逐步扩大，信息传输普遍采取网络形式，出现了数据传输网络和包括通信网络在内的平台监控网络两种网络，他们采用不同的技术体系构成计算机 IP 网、电话网络、控制网络，以分别满足数据、视频、语音等信息的传输需要。由于两种网络彼此独立，具有不同运行、支撑、管理和维护体系，因而增加了安装、管理、维护的复杂性。为简化设计，降低使用管理复杂性，大型船舶已开始提出一体化网络系统建设需求，即通过建立一个新型的综合业务网络，使现有的语音、数据和视频各种业务都能有效地集成为一体，实现信息的统一传输。计算机网络和电信技术的发展推动了大量商用运营的成功应用，也为船舶网络系统的设计与实现提供了技术支持。

科技文件夹

MMSI

海上移动通信业务标识，简称 MMSI，它是船舶无线电通信系统在其无线电信道上发送的，能独特识别各类台站和成组呼叫台站的一列九位数字码。当船舶在海上遇险时，中国海上搜救中心通过接收到的 MMSI 码，可以迅速查找船舶及其所属公司信息，以便组织搜救。

拓展思考

1. 注意观察你身边的事物，哪些属于电子设备？你能列举出几种呢？
2. 电子海图与传统海图有什么区别？
3. 你知道什么是信息电子化吗？
4. 你能说说信息一体化网络对航海有什么影响吗？

用眼睛去航海——航行自动化

◆航行中的海员

随着航海技术的发展，船只也逐渐大型化、专业化、智能化，使得船舶能够航行得更远，船上人员也越来越多，航行的情况变得更为复杂，因此船上的工作人员的工作量增大。而海洋上的情况千变万化，时刻处于动态之中，光靠人工操作已经跟不上海洋情况的变化，因而，自动化航行迎合了时代的需要。20 世纪 70 年代计算机在船上被广泛应用，从船舶在机舱设置集中控制室到出现无人值班机舱和驾驶台对主机遥控遥测，船舶机舱自动化成为趋势。随后驾驶台的自动化仪器设备不断研发和应用，近 10 年来建造的新型船舶基本上都可称之为驾机合一的自动化船舶，其中一部分自动化程度高的船舶被称之为“高技术船舶”。

自动操舵仪

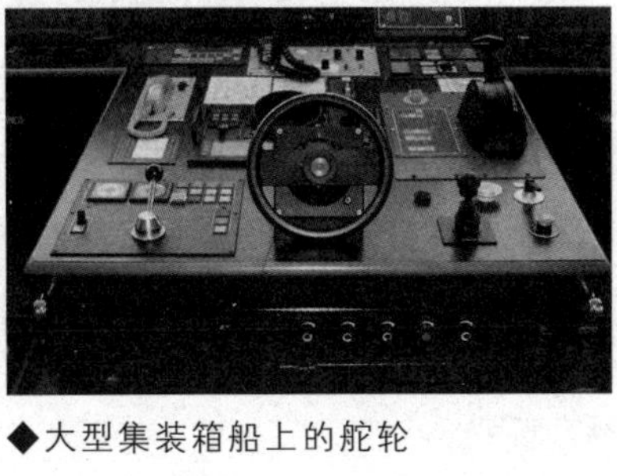
◆大型集装箱船上的舵轮

自动操舵仪又称自动操舵装置，是船舶上用于自动控制舵机，以保持船舶按规定航向航行的设备。船舶水面航行主要是依靠舵来控制航向，自动操舵仪指代替舵手操舵，保证船舶自动跟踪指令航向，达到自动保持与改变航向的目的。远航时，在相同的航行条件下它可

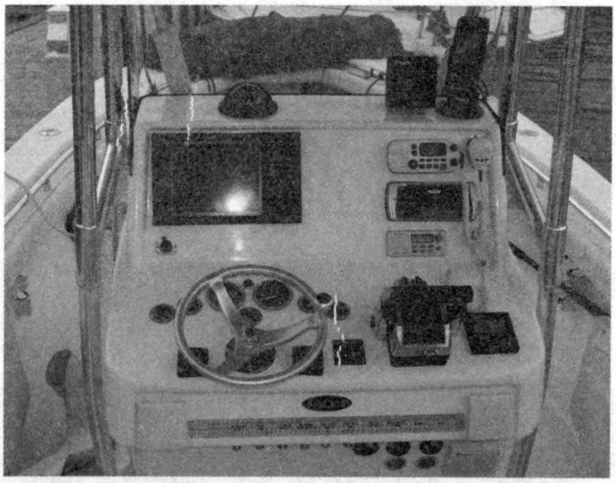
◆自动操舵装置

◆自动航行

◆女舵手

以减少偏航次数，减少偏航值和偏舵角，因而可提高实际航速。自动操舵装置是在通常的操舵装置上加装自动控制部分而成，其工作原理是：根据罗经显示的船舶航向和规定的航向比较后所得的航向误差信号，即偏航信号，控制舵机转动舵并产生合适的偏舵角，使船在舵的作用下，转向规定的航向。

自动操舵仪第一代为机械式自动操舵仪，以机械系统对偏航信号进行处理，然后实现操舵。它的灵敏度低，质量差，仅在为数不多的大型客船上使用过。第二代为 20 世纪 50 年代出现的机电式自动操舵仪，利用 PID 控制器对偏航信号进行处理，从而实现操舵。PID 控制器使操舵性能有很大提高，满足了船舶大型化、快速化对自动操舵仪提出的要求。机电式自动操舵仪目前被广泛应用于各种类型船舶上，随着自适应控制理论的发展和微处理机在船舶上的应用，出现了自适应自动操舵仪。它是把具有自适应操舵程序的模块并入机电式自动操舵仪而成。自适应自动操舵仪在船舶的载货和航速等状态或风、浪、流等航行环境发生变化而引起船舶操纵性能变化时，能感测这些变化并按事先设定的性能指标自动调整控制参数，使自动操舵仪保持在最佳状态。

航法计算、定位自动化

航法计算自动化根据设定的航行起始点、终止点与各转向点的经、纬度，以及转向点之间所采用的航法，通过航法计算子系统，即进行航海计算的程序装置，计算出各段航线的航向和航程，各转向点经、纬度与航向数据，并提供给航向保持子系统，作为自动操船的依据。当船舶驶近转向点进入设定距离范围时，航向保持子系统发出警告，在驾驶员的认可下，船舶驶抵转向点时自动完成转向。航行过程中驾驶员根据需要可修改转向点。

◆自动化航行游轮

组合定位自动化是指汇集多种导航定位设备所提供的船位信息，用组合定位子系统进行组合处理。推算船位用的设备（罗经和计程仪、惯性导航仪等）和无线电定位设备都是对组合定位子系统提供导航定位信息的传感器。各传感器所提供的各有差异和精确度不同

◆惯性导航仪

的船位数据，经加权处理，即按最小方差估算理论进行滤波处理，随时给出最佳估计船位。当由于海上风与流的影响，实际船位偏离计划航线时，航向保持子系统根据经滤波处理的船位发出航向指令，使船舶以最短航程回到计划航线，或修正到下一转向点的航向。良好的航向保持子系统能缩短航程，节约燃料。

小博士

航　法

航法是用数学计算或查表来确定航向、航程或推算船位的航行作业方法，又称航迹计算。一般涉及航向、航程和经差、纬差的换算，经差和东西距的换算等问题。15～17 世纪，航海家们经过长期实践和研究总结出八大航法，形成以平面三角和球面三角的解算为基础的航海学。这八大航法为平面航法、流中航法、折航法、等纬航法、中分纬度航法、墨卡托航法、大圆航法和混合航法。

小资料——计程仪

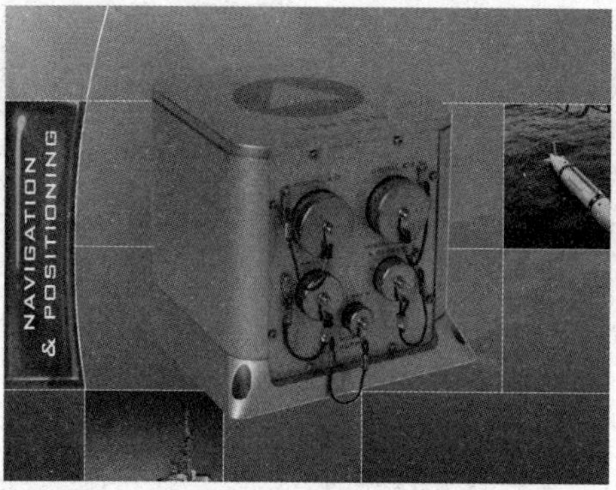

◆多普勒计程仪

古代计量航程在一个较长的时期内使用沙漏计程法。此法是利用一个 14 秒或 28 秒的沙漏计计时，另以木板一块连接绳索一根，在绳索上等距打结，两结之间称为一节。如用 14 秒沙漏计，两结之间距离约为 7．2 米。观测每 14 秒内放出的节数，即表示船舶每小时航行的海里数，因此，至今船舶航速单位仍称为节。近代的计程仪主要由测速部分和指示部分组成。测速部分用以检测和放大船舶航速信号或航程信号；指示部分用机械或电气形式显示船舶航速或航程，再通过积分或微分方法显示航程或速度。

船用雷达

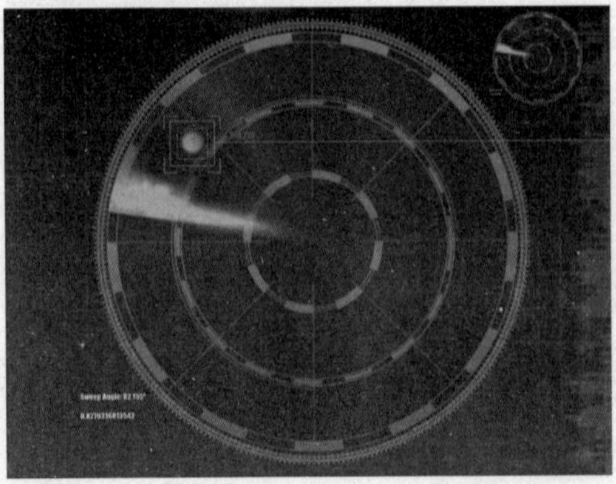
◆雷达扫描图

◆船用雷达天线

船用雷达主要是装在船上用于航行避让、船舶定位、狭水道引航的雷达，亦称船用雷达。航海雷达在能见度不良时为航海人员提供了必需的观察手段。它的出现是航海技术发展的重大里程碑。它通常由天线、发射机、接收机、显示器和电源5部分组成。雷达测距比测向精度高。按照定位精度顺序，雷达常用的定位方法有距离定位、孤立目标的距离方位定位和方位定位。如用雷达测距和目测方位结合，定位精度更高。由于雷达本身性能和物标反射特性的影响，雷达图像需要仔细辨认以避免出现错误。雷达测量距离和方位的准确性受多种因素影响，常出现的现象有失真，因为雨雪杂波、海浪杂波、同频杂波等的干扰，还有可能出现假回波，包括旁辨回波、间接回波、多次反射等。

避碰操作自动化

避碰操作自动化指利用船用导航雷达提供的周围物标和相遇船舶的信息，经过图像处理后，输往避碰操作子系统的显示器。驾驶员以手动或自动的方式对相遇船舶进行避让。避碰操作子系统对已录取的目标进行跟

◆发生碰撞的船

踪，连续计算出它们的航向与航速，以矢量形式显示出来。计算器根据本船及相遇船舶的航向、航速计算出它们之间的最近会遇距离和到最近会遇点时间。当最近会遇距离和到最近会遇点时间小于设定的界限值时，避碰操作子系统发出警报，并提供可以避免碰撞的"左转"或"右转"的建议航向，驾驶员根据海情和《国际海上避碰规则》发出"左转"或"右转"避碰指令，船舶自动实施避碰。碰撞危险消失后，按照驾驶员的设定，避碰操作子系统使船舶以最短航程回到计划航线，或按下一个转向点的位置，自动调整航向。在狭水道航行时，避碰操作子系统显示器还可展示航道，在组合定位子系统与航向保持子系统的联合作用下，船舶可自动航行于所示航道范围内。

小资料——ARPA自动雷达标绘仪

自动雷达标绘仪译简称ARPA（阿帕）。它能人工或自动捕捉目标，捕获后自动跟踪目标，并以矢量形式在显示器屏幕上显示目标的航向和航速。如果以电子计算机技术为基础，用普通船用雷达、计程仪及罗经配接构成ARPA系统，就能自动人工或自动捕捉（录取）多个目标，并加以自动跟踪，然后在显示器上以矢量形式显示目标船的航向和航速。以数据形式显示重要的避碰

◆自动雷达标绘仪

数据，还具有碰撞危险判断、报警、试操船等多种功能。因此，ARPA替代传统雷达人工标绘，使雷达在船舶避碰应用中发挥更大的作用。就雷达目标标绘方法而言，ARPA和人工标绘法基本相同，ARPA仅是用计算机完成的。

拓展思考

1. 你有参观过海船吗？如果有，请回忆一下船上的主要设施，你都认识吗？

2. 你认为自动航行是否安全？

3. 航海自动化主要依靠的是什么呢？

4. 你能说说对雷达的认识吗？

在海面飞行——高速船舶

◆高速船舶

高速船舶往往以其航速指标来定义其船型。在1972年国际海上避碰规则适用观点的提案中，航速在36～39节的船舶称为超高速船舶。对高速船而言，国内外学者对此有各种不同的提法，到目前为止还没有一个统一的明确定义。但是作为船舶驾驶员，如何及早地识别和判定高速船舶是极其重要的。再则从超高速船舶航运实务方面考虑，为避免海上交通环境的混乱，从定义上重视相互之间的航行关系也是必需的。因此从安全方面的作用来判断考虑，以航速在22节以上为高速船，35节以上为超高速船的提法应该是现实的。高速船舶主要有气垫船、水翼船、滑行艇、高速单体船、双体船、冲翼艇、飞翼艇等。

水翼船

水翼船是一种高速船。它的船底装着宽大扁平的水翼，就像鸭子的脚蹼。当船在水中速度越来越快时，水翼会受到一种向上的升力，直到把整个船身都托出水面，靠水翼贴着水面滑行，这样，整个船身不再受到水的阻力。这个原理是在极其偶然的情况下被发现的，1861年，英国的机翼设计师莫伊认为，在水里试验机翼的性能比空中好，因为水的密度是空气的600倍。于是他在小船上装了三副水下翼进行试验，结果发现，小船即使以中速行驶，船身也“几乎升出了水面”，而达到一定的速度时，船体完全越出水面，船体与水面摩擦力消失。目前，世界上的水翼艇共分两大类：一类水翼艇的支撑水翼是固定不动的，一般用于轮渡；另一类水翼艇的支撑水翼可以转换角度，其滑水板总浸在水中。由于技术条件的限制，现今存在的水翼船大多不超过1000吨，并以近海航行为主。跟其他的高速舰艇技术相比，水翼船（主要是全浸型）的主要优点是能够在较为恶劣的海情下航行，船身的颠簸较少，而且高速航行时所产生的兴波较少，对岸边的影响较低。缺点就是船舶的纵向稳定性问题。因为水翼船不同于常规排水型船舶，在高速航行的时候，只有水翼和水翼支柱处于吃水状态，需要依靠水翼提供的升力来保持船舶的平衡。而且，水翼船航速较高，如果在高速航行的时候，水翼的升力发生变化，突然减小，则船体就有可能以很高的速度扎入水中。

◆水翼船

◆未来的水翼船设想

小博士

航速与船速

船速指船舶在无风、无流的静水中单位时间内航行的距离。海上以“节”为单位，内河以“公里/小时”为单位。

航速又称实际航速。船舶在风、流和波浪影响下单位时间内实际航行的距离，即船相对于海底的速度。海上以“节”为单位，内河以“公里/小时”为单位。

滑行艇

◆滑行艇

◆新式滑行艇

滑行艇是一种滑行快艇，具有一个船壳，设有一个船底升起的底部和可延伸的阻流板，以及船尾喷水发动机推进装置，而发动机的进水口安排在船底，在阻流板的前面。在阻流板伸出时航行，紧靠阻流板的前面产生一个压力增加区域，该区域包括进水口，允许在高压下吸入水，增加了喷水发动机的工作效率。滑行艇以及滑行艇模型从开始起航至高速滑行，要经过三个阶段，分别为排水航行阶段、过渡阶段和滑行阶段。

排水航行阶段滑行艇停泊于水中时，与其他船舶一样，浮力来自于它排开水所得的静浮力。起航以后，滑行艇低速航行，这时，艇体周围的水对于艇体相对流动，压力比静止时减小，艇体必须略为下沉，同时，由于艇体首部不如中部及尾部丰满，所以首部下沉得比尾部更厉害一些，滑行艇呈埋首姿态航行。滑行艇在排水航行时，水流对艇体不产生动托力，航行阻力也较大。而在过渡阶段，当滑行艇加大发动机功率，逐渐提高航行速度以后，滑行艇艇底受到的冲压也逐渐增大。由于首部艇底上翘较大，这时，艇体的重量中由动托力支承的部分随速度的增加而逐渐增大，静浮力所占的比例减小。同时，由于艇体前部逐渐抬离水面，浮力中心（包括动托力和静浮力）逐渐后移。滑行阶段不断提高的速度使艇体获得越来越大的动托力，艇体也随之由首向后被逐步抬出水面。当抬至一定程度时，出现了浮力中心移至重心后部的情况，于是船首重新稍微下沉，整个艇体保持一定的尾倾姿态在水面上高速滑行。艇体的中部及尾部浸入水中，吃水非常浅，滑行艇的绝大部分重量由动托力支承，阻力减小，进一步加大发动机功率，便能获得更高一些的速度。

◆高速行驶的滑行艇

链接——高速单体船

高速单体船一般有滑行型、半滑行型和深V型三类。其中滑行型高速船在水面高速运动时，用于垂向水动压力作用而产生升力，船体接触面随速度的增加而减少，船艇进入滑行状态。滑行型单体船可大幅提高航行速度，但耐波性较差，不适合在大风浪中航行，而且波浪对船体具有较大的冲击力；半滑行型单体船是新近出现的消波型单体客船，船

◆高速单体船

速介于排水型和滑行型之间，属过渡型快艇；深V型高速单体船是由常规单体船演化而来的，在低速航行时阻力性能不理想，但高速航行却可以有效地降低兴波阻力，具有良好的耐波性，适合于中短途客轮运营。

冲翼艇

◆冲翼艇

冲翼艇，也称作气翼艇，是一种依靠艇与水面之间压缩“气垫”离开水面而又贴近水面飞行的水上交通工具。它不但可以在水面迅速滑行，而且能在水面以上几米乃至三四十米的低空飞行，所以人们称它“腾空艇”，或者叫它“超低空飞机”。冲翼艇是利用航行时贴近水面的艇翼的表面效应所产生的空气升力使艇体脱离水面，在接近水面的空气中飞行的一种特殊的高速船舶。冲翼艇航速高，航行平稳，是极为理想的客船。在军事上，冲翼艇超低空飞行，能躲避敌方雷达搜索，也能摆脱敌人潜艇跟踪，隐蔽性好。冲翼艇装上相应的起落装置，还可以在水、陆、冰雪、沙漠和沼泽地上起飞及降落，成为多用途的高速运输工具。近年来，俄罗斯宣布建成世界上最大的“鹰”级沿海客运冲翼艇，全长58米，最大起飞重125吨，最大商载28吨；内设两层客舱，每层可乘150人；航速为每小时400千米，航程可达2000千米。另外还有一种“河上客车”双体冲翼艇。这种船吸收了双体船的优点，与单体船比较，

◆双体冲翼艇

提高了有效荷载量及航行的稳定性与安全性。中国也试制出“信天翁”1型冲翼艇，并且在1989年第三届布鲁塞尔（尤里卡）世界发明博览会上获得发明金奖。

广角镜——高速双体船

◆高速双体船

人类最早使用双体船是由于发现将两艘船横向连接在一起而不容易翻船，早期曾将这种方法用在帆船上，建造了双体帆船，这种帆船在海上可以承受较大的风浪。20世纪60年代后，随着海上高速客运的迅速发展，高速双体船由于有宽大的甲板面积、空间和便于豪华装饰而被普遍看好，成为近几十年来高性能船中发展最快、应用最广、建造数量最多的一种。高速双体船由于把单一船体分成两个片体，使每个片体更瘦长，从而减小了兴波阻力，使其具有较高的航速，目前其航速已普遍达到35节左右。由于双体船的宽度比单体船大得多，其稳定性明显优于单体船，且具有承受较大风浪的能力。双体船不仅具有良好的操纵性，而且还具有阻力峰不明显、装载量大等特点，因而被世界各国广泛应用于军用和民用船舶。

气垫船

气垫船又叫“腾空船”，是一种利用船底与水面间的高压气垫作用，使船体部分或全部提升以实现快速航行的船舶。高压气垫是将空气压入船底，在船底周边有柔性围裙（也可以是刚性围裙）限制空气逸出而形成，以空气压力顶升船体。气垫船是中国率先发明，当时为了保密，没有向全世界公布。后在1959年英国建造了第一艘气垫船，航行于英吉利海峡。气垫船多为客船，也用作渡船或交通船，按气垫船提升高度可分为全垫升式

◆气垫船

和部分垫升式。全垫升气垫船又称全浮式气垫船，船底四周有柔性围裙，由于是全垫升，故其速度高且适应性好，能在水面航行，也可在平坦地面和沼泽中行驶。其推进是使用空气螺旋桨，用空气舵控制方向。部分垫升式气垫船，即侧壁气垫船，在船体两舷设刚性侧壁，而在首尾设柔性气封装置以维持气垫，可垫升大部分船体，只能航行于水面。其推进是使用水下螺旋桨式喷水装置，航行速度高于普通船舶，但不及全垫升式气垫船。气垫船结构材质要求强度高、质量轻，使用铝合金、玻璃钢或高强度钢制造，采用航空发动机、高速柴油机等作为动力装置。气垫船的最大优点是它在地面和水面上一样行驶，在地面上行驰时也不需要修筑公路，非常方便。

◆世界最大的气垫船

拓展思考

1. 你觉得一般的船航行速度快还是慢呢？
2. 你能看出航速吗？你是如何观察的呢？
3. 高速船舶的高速度是如何实现的呢？
4. 你能说说高速船舶对社会有什么贡献吗？

科学指引航海——现代船用导航系统

导航是引导某一船舶按照指定航线从一点运动到另一点的方法。随着科学技术的高速发展，人造卫星的应用，通信技术的广泛运用，使得航海中也大量出现了各种高新导航技术和仪器。导航一般分两类：一是自主式导航，用于飞行器或船舶上的设备导航，有惯性导航、多普勒导航和天文导航等；二是非自主式导航，用于飞行器、船舶、汽车等交通设备与有关地面或空中设备相配合导航，有无线电导航、卫星导航。它在军事上，还要配合完成武器投射、侦察、巡逻、反潜和援救等任务。

◆人造卫星

陀螺罗经

长期以来，磁罗经作为测定船舶方位用的指向仪器，在各类船舶上得到广泛应用。然而随着航海事业和造船技术的发展，钢船代替了木船，特别是大中型船舶和潜水艇的出现，磁罗经的可靠性和精确度远不能满足要求，这就促使陀螺罗经的问世。

◆陀螺罗经

二十世纪初叶，德国发明家海

◆陀螺磁经核心元件陀螺仪

◆维修陀螺罗经中

尔曼·安许茨凯姆弗制造出了世界上第一台能用于舰船导航的陀螺罗经。安许茨是一位兴趣广泛、学识渊博的人。他最初研究医学，继而研究美术史，以后又立志于探险，他决心考察北极。为了能在极地附近进行精确地测量，他产生了乘坐潜艇从水下潜到极地去的大胆设想。但因为当时潜艇里用的磁罗经受地磁场影响，在接近北极的地区是不能测出航向的。为了解决这个棘手的问题，安许茨决心制作一个不受地磁场影响的新型指向仪器。为此，他返回了自己的故乡慕尼黑，以充沛的精力和全部私蓄投入了陀螺罗经的研制工作。起初，他制作了一个方位陀螺，但由于方位陀螺有漂移，必须经常地进行重新调整，因而不适于在船上作较长时间的指向。这就促使安许茨改而研制找北仪器。经过三年艰苦的奋斗，1904 年安许茨终于成功地制造了一台陀螺罗经。它具有多个复示器，指向精度高，有利于船舶自动化，而且完全不受磁干扰影响，指向误差小，安装位置可以在船上的任何地方，对于操作人员也没有任何专业要求。所以陀螺罗经作为一种能够准确寻找地理北向的导航仪器，被广泛地应用在舰船上，成为海上导航的主要仪器，并被视为现代惯性导航的先驱。近代船用陀螺罗经，主要分为安许茨、斯伯利和阿玛一勃朗三大系列。

实验——傅科摆实验

◆傅科摆

为了证明地球在自转，法国物理学家傅科于1851年做了一次成功的摆动实验。实验在法国巴黎的一个圆顶大厦进行，摆长67米，摆锤重28公斤，悬挂点经过特殊设计使摩擦减少到最低限度。这种摆惯性和动量大，因而基本不受地球自转影响而自行摆动，并且摆动时间很长。在傅科的摆动实验中，人们看到，摆动过程中摆动平面沿顺时针方向缓缓转动，摆动方向不断变化。通过分析可知这种摆动方向的变化，是由于观察者所在的地球沿着逆时针方向转动的结果，地球上的观察者看到相对运动现象，从而有力地证明了地球是在自转。

无线电定位系统

◆无线电装置

无线电定位是在地球表面或外层空间建立若干个无线电发射台站，通过测量电磁波传播特性参数，确定运动体相对于发射台站的位置的工作。根据两条位置线的交点确定运动体的位置，称为平面二维定位。若再测定运动体距大地水准面的高度，则称为空间三维定位。按无线电定位的工作原理区分，主要有脉冲测距、相位双曲线、

◆罗兰导航系统发射站

脉冲双曲线和脉冲相位双曲线等定位方式；按其作用距离可分为近程、中程、远程和超远程 4 种。近程系统有绍兰、哈菲克斯和台卡等；中程系统主要有罗兰 A、罗兰 B 和罗兰 D；远程和超远程系统分别以罗兰 C 和奥米加为代表。在海洋测量中，无线电定位通常采取双曲线方式、测距方式和双曲线方式等。在这里主要介绍其中较为著名的罗兰导航系统。

◆罗兰导航系统接收天线

罗兰远程无线电导航系统最初是出于军事需要，由美国国防部研制的。由于该系统在可靠性、准确度、造价及有效作用范围等方面的许多优势，用户数量迅速增加，并获得迅速发展。它拥有 30 多万海洋用户，50 多万航空用户，并拥有数目可观的陆地用户。

万花筒

无线电测向运动

无线电测向运动是竞技体育项目之一，也是无线电活动的主要内容。它类似于众所周知的捉迷藏游戏，但它是寻找能发射无线电波的小型信号源（即发射机），是“无线电捉迷藏”，是现代无线电通信技术与传统捉迷藏游戏的结合。

子午仪卫星导航系统

子午仪卫星导航系统是美国海军的一种全球、全天候卫星导航定位系统，又称海军卫星导航系统。1964 年研制成功并投入使用，1967 年开始进入民用领域。这种系统利用地面用户设备接收“子午仪”号卫星一次通过视界期间所发出的信号，就能获得用户的准确位置。因船速和天线高度数据不准，航行时的定位误差还大一些。一般情况下，一节船速误差会引入 0.25 海里定位误差。授时准确度约 25 微秒，利用改进的“诺瓦”卫星可达 3 微秒。

◆诺瓦人造卫星

多普勒效应指出，波在波源移向观察者时接收频率变高，而在波源远离观察者时接收频率变低。当观察者移动时也能得到同样的结论。多普勒效应不仅仅适用于声波，它也适用于所有类型的波，包括电磁波。

子午仪卫星导航系统由卫星网、地面跟踪站、计算中心、注入站、美国海军天文台和用户接收设备六部分组成。卫星以 7.3 公里/秒的速度绕地球运转，与地面用户接收设备存在相对运动，接收设备测量多普勒频移。累计一段时间间隔里的多普勒周期数，称为多普勒计数。据此算出用户与卫星间的斜距差，这是实测数据。同时，根据用户假设位置（以经度纬度表示）也算出到卫星的斜距差。两个斜距差间存在差值说明假设位置不准，于是再算出修正量，然后，再重复上述过程，直到得出的位置就是利用“子午仪”导航卫星测定的用户位置。

全球定位系统（GPS）

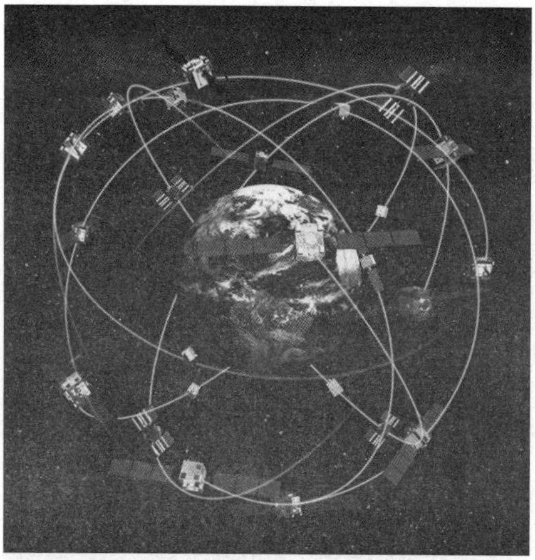

◆GPS

◆GPS 接收器

全球定位系统（GPS）是20世纪70年代由美国陆海空三军联合研制的新一代空间卫星导航定位系统。其主要目的是为陆、海、空三大领域提供实时、全天候和全球性的导航服务，并用于情报收集、核爆炸监测和应急通讯等一些军事目的，是美国独霸全球战略的重要组成部分。由覆盖全球的24颗卫星组成的卫星系统，经过20余年的研究实验，耗资300亿美元，到1994年3月，全球覆盖率高达98%的24颗GPS卫星星座已布设完成。GPS导航系统是测量出已知位置的卫星到用户接收机之间的距离，然后综合多颗卫星的数据就可知道接收机的具体位置。

这个系统可以保证在任意时刻，地球上任意一点都可以同时观测到4颗卫星，以保证卫星可以采集到该观测点的经纬度和高度，以便实现导航、定位、授时等功能。这项技术可以用来引导飞机、船舶、车辆以及个人，安全、准确地沿着选定的路线，准时到达目的地。其全球性、全能性、全天候性的导航定位、定时、测速优势必然会在诸多领域中得到越来越广泛的应用。

拓展思考

1. 注意观察你身边的事物，哪些与导航系统有关？你能列举出几种呢？
2. 你有用过导航系统吗，例如 GPS?
3. 无线电导航的本质是利用什么？
4. 你能说说导航系统对航海的作用吗？

探索未知的神秘——海洋探测

◆中国第一艘科学考察船大洋一号

海洋，蕴含着人类所无法想象的巨大宝藏。可以毫不夸张地说，海洋中除了大量的生物之外，还存在着有陆地上没有的一些资源。近年人们已经发现的有以下石油、天然气、煤、铁等固体矿产、海滨砂矿、多金属结核和富钴锰结壳、热液矿藏和可燃冰等矿产，促使人类开始不停地对海洋进行科学探测。海洋科学探测是对地球上海洋的自然现象和海底地貌进行观测，研究海洋现象的性质及其变化规律，并结合有关海洋开发与利用的知识体系，试图解决海洋资源开发利用以及有关海洋军事活动的迫切需要。

科学考察船

科学考察船外形看起来像客船，只是多了一些仪器，所以后甲板要留出足够的作业空间，长度一般不超过 150 米，排水量一般不超过 5000～6000 吨。因为科学考察船进行作业时，要尽量保持稳定，所以在它作业时，夜间挂红白红号灯，白天挂球菱球号型，以让其他船舶能够及时看到并避开。一般科学考察船的航速并不快，而且根据具体情况要适当调整。根据科学考察船的功能、作业目的不同，可将其分为海洋地质调查和地球物理调查两大类。

海洋地质调查主要是了解海底的海床构成、生物构成和海底地形地貌。通过从海底取上来的样品，分析测试其化学元素的构成、形成的年代。有的为了保持生物在水底原有的生活环境，采取保温保压的取样手段，对样品进行微生物分析，研究可能存在的能源及地质结构等。地形地貌调查主要是通过声学系统来观察，再通过软件处理形成完整的海底构成图。通过测定声波在海水中传播的接收时间不同，经船舶纵横摇和升沉运动来获取海底的地形地貌。

◆大洋一号海上作业图

地球物理调查主要是研究海底的矿藏分布和地球物质结构。它所用方式主要有重力调查、磁力调查和地震作业调查。重力调查是通过海洋重力仪来调查研究海洋中重力变化规律，研究地球物质结构，为地球物理研究和航天技术提供基础资料；磁力调查是通过拖曳式磁力仪来调查研究磁场变化规律，分析海底矿床分布和海底物质结构等；地震作业主要是利用声弹、地震震源系统提供声源，利用水听器接收反射波，再通过专用的软件分析反射波来研究海底的矿床和地球物质结构。

◆大洋一号发现的海底热液喷口

广角镜——海底“黑烟囱”

海底热液活动是二十世纪海洋地质学的重要发现之一，已成为国际前沿研究热点。海水渗入大洋中脊被地壳下的岩浆加热后，从“黑烟囱”喷口里排出温度高达400℃的热液。这些热液在与周围的冷海水混合时，水中的金属硫化物就沉淀到烟囱和附近的海底上。这些硫化物，富含大量铜、铅、锌、金、银等贵金属，可以在海底形成几千吨甚至约一亿吨的矿床，有望成为二十一世纪人类即将开发的重要海底矿产资源之一。海底热液喷口通常范围很小，只有几十米或上百米的范围，要在两三千米深的海底下发现非常困难，全球目前已经报道的只有140多个。

考察神奇的冰雪极地

◆南极长城站升旗仪式

地球的南北两极，是全球变化的驱动器、全球气候变化的冷源，也是人类居住的地球与外星联系的重要窗口。尤其是南极，是地球上至今未被开发、未被污染的洁净大陆，那里蕴藏着无数的科学之谜和信息，在全球变化特别是全球气候变化研究中，起着不可替代的关键作用。20世纪中叶，已有40多个国家在南极建立了100多个科学考察站。

中国南极长城站是中国在南极建立的第一个科学考察站，是中国为对南极地区进行科学考察而在南极洲设立的常年性科学考察站。它位于南极洲南设得兰群岛的乔治王岛西部的菲尔德斯半岛上，东临麦克斯维尔湾中的小海湾——长城湾，湾阔水深，进出方便，背依终年积雪的山坡，水源充足。中国南极考察队员在长城站全年对气象学、电离层、高层大气物理学、地磁和地震等项目进行常规观测。在每年的南极夏季期间，除常规观测外，还进行包括地质学、地貌学、地球物理学、冰川学、生物学、环境科学、人体医学和海洋科学的现场科学考察工作。

◆南极中山站

中国南极中山站是以中国民主革命的伟大先驱者孙中山先生的名字命名。它位于南极大陆沿海，气象要素的变化与长城站差别较大，比长城站寒冷干燥，更具备南极极地气候特点。中山站年平均气温零下10℃左右，极端最低温度达零下36.4℃；全年晴天的天数要比长城站多得多。中山站有极昼和极夜现象，连续白昼时间54天，连续黑夜时间为58天。中国南极考察队员在中山站全年进行的常规观测项目有气象、电离层、高层大气物理、地磁和地震等。

◆中山站的“四”个太阳

小贴士——“雪龙”号极地科学考察船

“雪龙”号是从乌克兰进口到我国的第三代极地考察破冰船，是我国最大的极地考察船，也是我国唯一能在极地破冰前行的船只。自1994年10月首航南极以来，“雪龙”号已先后11次赴南极、3次赴北极执行科学考察与补给运输任务。“雪龙”号总长167米，宽22.6米，型深13.5米，满载吃水9米，自重10250吨，满载排水量21025吨，总体马力18000，最大航速18节，续航力

◆雪龙号正破冰前行

20000 海里，属 B1 级破冰船，能以 1.5 节航速连续破冰 1.1 米前行。它具有先进的导航、定位、自动驾驶系统，配备有先进的通信系统及能容纳两架直升机的平台、机库和配套设备。船上设有大气、水文、生物、计算机数据处理中心、气象分析预报中心和海洋物理、化学、生物、地质、气象等一系列科学考察实验室，可航行于世界任何海区。

航天远洋测量船

◆远望二号航天远洋测量船

中国航天测控系统也是在航天事业的发展中逐步臻于完善的。在大陆上已经建立了多个测控站和一个测控通信中心。为了扩展观测范围，还建造了海上测量船，以便驶往远洋对航天器进行跟踪观测。“远望”号是中国航天远洋测控船队的名称，中国目前拥有 6 艘远洋测控船，分别命名为远望一号至远望六号。“远望”号测量船是中国在 20 世纪 70 年代研制成功的一艘现代化测量船。在“远望”号测量船上装备有完善的导航设备和精密的测量系统。

◆远望号布下天网测控神舟

目前，中国自主研制、自行设计的新一代航天远洋测量船在上海江南造船厂正式开工建造。它将作为中国“远望”号航天远洋测量船队的新成员，为中国航天事业的进一步发展提供海上测控支持服务。新一代航天远洋测量船是一艘具有国际先进水平的、多功能的、生活舒适的新型航天测量船。甲板上同时安装S波段统一测控系统、C波段统一测控系统和C波段脉冲雷达三套大型测控设备，还将采用光纤构建船内综合信息传输平台，各大系统能够充分利用这个平台扩展业务功能，以实现测量船与陆上各系统中心联网，共享信息资源，并具备海上联合会诊的能力，为船舶安全航行提供了强有力的保障。

◆远望五号测量船

随着我国航天事业的发展，后续航天试验任务频度加大，型号种类复杂，轨道类型增多，对航天远洋测量船队的测控通信支持能力提出了更高的要求。新一代航天远洋测量船建成后，不仅能够完成对飞船、卫星及其他航天飞行器的海上跟踪测控任务，还能与任务中心进行实时通信和数据交换，将大大适应未来高强度航天飞行试验任务要求，为我国航天事业发展提供有力的海上测控支持服务。

知识广播

波段

波段又称波谱段或波谱带。在电磁波谱中，具有确定波长范围的连续电磁波。它是表示传感器光谱通道工作波长范围的基本单元。S波段是指频率范围在1.55～3.4GHz的电磁波频段，C波段是频率从3.7～4.2GHz的一段频带。

海洋勘探船

当陆地上的资源被人类大量采集，变得越来越匮乏时，人们又把目光

◆海洋勘探船

投向了海洋。因为海洋里蕴藏着丰富的矿产资源，特别是在广阔的大陆架浅水海域蕴藏着大量的石油、天然气和其他矿藏。为了查明海底石油和矿藏，人们专门建造了海洋勘探船和海上钻井装置。海洋勘探船是用于海洋地质和石油勘探的海洋工程船舶。船上一般装有地震仪和有关勘探设备，主要是利用重力、磁性、电性等物理的方法，来寻找海底石油和矿藏，所以又把海洋勘探船叫作物理勘探船。在地质勘探过程中，海洋勘探船一般保持低速航行，由人工爆破产生地震波来探测海底地层。物理勘探法只能提供海底地质构造情况，要确定是否有开采价值，之后还得通过钻井勘探。海上钻井装置又称海上钻井平台，是海上钻井的专门设备，专门用于石油、天然气的勘探、开采。

拓展思考

1. 你有看过科学考察船吗？
2. 科学考察船与其他船舶有什么区别吗？
3. 对地球两极的考察有什么意义呢？
4. 你能说说人类对海洋探测有什么作用吗？

海洋亦受伤——船舶污染

◆海面上漂浮着的各种垃圾物

海洋是孕育生命的发源地，而覆盖四分之三的水域，对地球的大气系统有着巨大的影响。对人类而言，它是蕴藏着巨大财富的宝库，而人类正为自身的利益不停地对它进行伤害。海洋面积辽阔，储水量巨大，因而长期以来是地球上最稳定的生态系统。然而近几十年，随着世界工业的发展，航海活动越来越频繁，以及一些海洋军事活动和海船事故，导致了海洋的污染也日趋严重，使局部海域环境发生了很大变化，并有继续扩展的趋势。

废气以及生活污水污染

◆正在排除废气的船舶

船舶污染主要是指船舶在航行、停泊港口、装卸货物的过程中对周围水环境和大气环境产生的污染，主要污染物有含油污水、生活污水，以及船舶在航行过程中也将产生粉尘、化学物品、废气等，虽然现在看上去对环境影响较小，随着海上船舶数量的不断增加，港口的运输越来越繁荣，以及海洋交通事故的发

◆监督人员正在检测污水排放

◆海面上的沉船漂浮物

生，使得人类也开始重视海洋的污染问题。其中油类系指船舶装载的货油和船舶在运营中使用的油品，包括原油、燃料油、润滑油、油泥、油渣和石油炼制品在内的任何形式的石油和油性混合物所产生的船舶油污水（压舱水、洗舱水、舱底水、舱底残油），而船舶生活污水主要是指人的粪便水，包括从小便池、抽水马桶等排出的污水和废物；从病房、医务室的面盆、洗澡盆和这些处所排出孔排出的污水和废物；还有与上述污水废物相混合的日常生活用水（指洗脸水、洗澡水、洗衣水、厨房洗涤水等）和其他用水。船舶垃圾系指在船舶正常的营运期间产生的，并要不断地或定期地予以处理的各种食品、日常用品、工作用品的废弃物和船舶运行时产生的各种废物，主要有食品垃圾（米饭、菜肴、干点、饮料、糖果等）、塑料制品垃圾（聚氯乙烯制品、合成纤维制品、玻璃钢制品）及其他垃圾（纸、木制品、布类制品、玻璃制品、金属制品、陶器制品等）。每年都有大量的生活污水等排入大海之中，影响近海渔业的发展。

海上石油泄漏

目前，海上石油开采活动日益频繁，海上石油运输也日趋活跃，世界上曾多次发生石油泄漏污染海洋的事件，对地区海洋生态环境造成了严重的影响。造成海上石油泄漏污染事件频发的原因有多种，其中之一就是海上航运因素导致的海上石油泄漏。主要是船舶与石油设施相互撞击，包括船与海洋石油设施相撞，或油轮与海洋其他船舶、海洋设施相撞所造成的海上溢油。

◆企鹅的“新装”

从生态环境来说，溢油对鸟类的危害最大，尤其是潜水摄食的鸟类。这些鸟类接触到油膜后，羽毛浸吸油类，导致羽毛失去防水、保温能力；另一方面它们因不能觅食而用嘴整理自己的羽毛，摄取溢油，损伤内脏，最终它们会因饥饿、寒冷、中毒而死亡。海上浮游生物是最容易受污染的海洋初级生物，一方面它们对油类的毒性特别敏感；另一方面它们与水体连成一体，大量吸收海面浮油，影响以浮游生物为食的其他海洋生物的生存。海面上休眠或运动的海洋哺乳动物受溢油污染危害的情况是不同的，如鲸鱼、海豚和成年海豹对油非常敏感，它们能及时逃离溢油水域，免受危害。但成年海豹和小海狗栖息海滩时，会被油污染所困，以至于死亡。

◆死在石油中的海鸟

◆海岸边的石油

溢油对渔业的危害也不少，成鱼有非常敏感的器官，它们

◆石油泄漏

一旦嗅到油味，会很快游离溢油水域，而幼鱼生活在近岸浅水水域，容易受到溢油污染。养鱼场网箱里的鱼因不会逃离，受溢油污染后不能食用。近岸养殖的扇贝、海带等也是如此。另外，养殖网箱受溢油污染后很难清洁，只有更换才能彻底清除污染，费用十分昂贵。此外，溢油对渔业造成的危害也会引起公共饮食安全危机。

小资料——历史上最严重的船舶石油泄漏

1978年3月下旬，美国巨型油轮“阿莫柯·卡迪兹”号在法国布列塔尼海岸线外触礁断裂。两个星期之内，它往海中漏出的原油达22万吨，成为历史上最大的漏油事件，浸污海滩长达160千米，不计其数的鱼类死亡。英国皇家护鸟社团的尤安·邓恩博士说：“这次事件之所以非同一般，是因为油船沉没后不久，法国就遇到了历史上罕见的飓风‘科罗拉’的侵袭，导致油污渗透到了许多狭窄的海湾和湖礁，许多以这些地带为栖息地的海鸟受到严重污染。而在过去，这些鸟群从来就没有和油接触过。”据邓恩博士估计，大约有50种鸟类受到污染。

◆“阿莫柯·卡迪兹”号巨型油轮石油泄漏

对船舶污染的处理措施

对船舶生活污水来说，主要的处理方法有在船上直接安装生活污水处理装置和生活污水收集装置，第一种是达标处理后，直接排入江河，第二种是收集到岸上处理。近年来各种生化处理方法的优化组合被试验和应用，其中厌氧法愈来愈受到重视。厌氧法，即厌氧生物处理，是利用厌氧性微生物的代谢特性，在无需提供外源能量的条件下，以被还原有机物作为受氢体，同时产生有能源价值的甲烷气体。

◆船用生活污水处理装置

对船上的生活垃圾处理，主要的方法是收集到岸上处理、在船上焚烧、磨碎排放等。收集到岸上处理的方法用得最多，目前已有多种类型的收集装置，这种方法的优点是简单、实用，缺点是食品类垃圾容易腐烂，如果垃圾量大，需要容器的体积大，增加了船体的重量，此外，转运成本高。在船上焚烧，最大的优点是减量比例大，还能彻底消灭病菌，缺点为焚烧炉投资比较高，会产生大气污染。磨碎法，因为只改变了污染物的物理形态，在内河上，只能和其他方法结合使用。

◆清理被石油污染的海滩

◆处理污染物

对含油污水，主要用油污

◆焚烧处理石油泄漏(http://www.bundpic.com/)

分离器进行处理。至于溢油及化学物品事故，有关部门则要建立快速反应机制，尽快组织人员将泄漏区域隔离，疏散无关人员。如果是少量石油，用砂土、水泥粉、煤灰等吸附，收集后倒至空旷的地方掩埋。如果是大量石油，要用防爆泵抽吸或使用无火花盛器收集，集中处理；用油脂分解剂或蒸气清扫现场，特别是低洼、沟渠等处，确保不留残，并通知水上航政部门实行水域管制，命令难船向安全水域转移；通告沿岸单位严密监视险情，加强防范；组织水陆消防力量，采取止漏、圈围、拦截等措施，控制扩散蔓延；对水面泄漏物用油泵进行吸附、输转，用油脂分解剂降解，难于实施吸附、降解且严重污染环境时可采取点燃措施。

拓展思考

1. 注意观察你的身边，有发现什么污染现象吗？
2. 你怎么看待污染？
3. 你认为海洋是否应该要保护？
4. 你能说说你对保护环境的想法吗？

如在云梦

——古代航海技术

当落叶偶然飘落在水面上时，古人便发觉可以利用水的浮力航行在海洋上，因而出现了独木舟。古代人类根据长期经验，利用天上的星辰、海中的独特岛屿和海岸的奇特地貌、季风进行航海。当到更远的海洋中时，人类发现了海中特有的几种现象，例如海雾和海冰、热带气旋以及海啸等。这些都能够对人类的航海造成巨大影响。随着人们对航海热诚的提高，人类还将独木舟进行改良，以运动的形式让更多的人参加，供大家集体娱乐。在这一章中，让我们一起看看古代人类对海洋的探索吧！

最古老的航海者——独木舟

◆划独木舟

世界上，最宏大的是海，最有耐心的也是海。海，孕育着生命，饱含着财富，深藏的资源，汹涌澎湃的背后，像是披着一层面纱一般，无数的人类为她倾倒。人们在海浪上航行的时候，大海唱着它那古老的歌儿，但许多人根本不懂得这些歌儿。不过，对于听到这种歌声的人来说，感觉是各不相同的，因为大海对每一个迎面相逢的人，用的是不同的语言。

清波荡漾——独木舟

◆古人制作独木舟

独木舟，又称独木船，是用一根木头制成的船，是船舶的“先祖”，也是最早的船舶，世界各地都有出现过。在远古时代，人们在水边无意中发现落叶能够漂浮在水面上，而且一些小昆虫之类能够借助这些落叶实现在水面上漂流到其他地方。于是人们注意到越粗的树干也能够浮在水面上，而且还能承受一个人的重量。但是人们也发

◆湖边的独木舟

◆莫利亚岛独木舟

现，圆形的树干在水面上会翻滚，人无法站立在上面，如何使得圆形树木不翻滚，这成为当时的一个难题。不久之后，人们就用石斧、石锛、锸等工具，将圆圆的树干削平，这样人就能站立在扁平的树干上了。后来，有人将树干上不需要挖掉的地方都涂上厚厚的湿泥巴，然后用火烧掉要挖去的部分，这样被烧的部分就被烧成一层炭，挖起来比起石斧直接砍要容易多了，远古独木舟就这样出现了。有了独木舟，人们可以跨越水域，开拓新的生活领域，去创造更美好的生活。直到今天，我国西南地区和一些少数民族中还使用独木舟作为渡河的工具。例如，在西藏东面的益贡河上可以看到一种直径为 1.3 米的大独木舟；太平洋中部国家基里巴斯共和国是由大小 33 座岛屿组成的，岛与岛间至今还依靠独木舟作为主要交通工具。

小贴士——何时发明独木舟？

在考古学者看来，独木舟的发明大约是在公元前 7000 年。1958 年，我国考古人员在江苏省武进区奄城乡，挖掘出一支长 11 米，宽 0.9 米，内底宽 0.56 米，深 0.42 米的独木舟。它就是用一整段大原木挖空而成的，根据专家所言，这是春秋时期的独木舟。中国古代就有“刳木为舟”的记载，与这艘独木舟的发现刚好可以相互验证。而我国又于 1965 年前后，在奄城又陆续发现

◆古老独木舟遗骸

两只独木舟，同样也是春秋时期的。其中一只尖头敞尾，看上去似乎只有半只，实际却是一只完整的独木舟。敞尾的独木舟，没有尾封板，当船靠岸时，上下非常方便，而且航行时，人靠前坐，头重尾轻，敞尾翘在水面上，也没有进水之虞。这也是古人智慧的一种体现。

古埃及独木舟航海冒险

◆古代埃及独木舟壁画

在世界航海史上，古埃及人是最早开始航海探险的。古埃及人集中于尼罗河河谷及其三角洲一带，尼罗河全长6670千米，贯穿非洲东北部，流经许多非洲国家，当尼罗河流经埃及开罗附近时，汇入地中海。尼罗河的泛滥造就了肥沃的尼罗河平原。古埃及人主要在这个地区进行农耕活动。大约在公元3100年前，古埃及人已经能够制造方帆船，而到了公元2600年前，古埃及人便开始建造海船，掌握了足够的航海技艺，能够在海面上进行航海探险活动，当时的航海探险活动主要是生产活动需要。由于古埃及的周围没有岩石，只有沙漠，于是，古埃及人就希望能够到达北面的地中海获得建筑材料，建造金字塔。他们建造了埃及桨帆船，沿着地中海东岸驶行，到达地中海沿岸，运回了砂岩、铜矿石，还从黎巴嫩、叙利亚运回了雪松和橄榄油。当时，古埃及人派出的运送建筑材料的货船有40艘之多，每艘货船长50多米，用于运载木材和岩石。还有一些探险活动主要是

◆古埃及人航海冒险图

为了满足古埃及国王的享乐需要，于是派出海洋探险队到远方去寻找宝物。海洋探险队的船队沿着红海海岸航行，到了一个称作“蓬特国”的地方，也就是今天的索马里。蓬特国在古埃及人心目里，是“诸神之国”。于是他们开始积极在蓬特国和古埃及之间进行各种航海探险和贸易活动，并从那里得到香料、药物、琥珀、黄金、檀木。后来不知何故，埃及与蓬特国的贸易中断了几个世纪，后期的古埃及人又开始重新找寻。

小资料——双体独木舟

波利尼西亚群岛是太平洋三大岛群之一，它的意思为“多岛群岛”。其陆地总面积为2.7万平方公里，人口约142万，多为波利尼西亚人。波利尼西亚人，是群岛上有着海航经验丰富的一群岛民，他们身材高大，深褐色皮肤，头发呈直线形或波浪形，通用波利尼西亚语，就是他们发明了世界上最早的双体独木舟（公元前2000年前后）。这种独木舟是波利尼西亚人独创的双体独木舟，常出没于太平洋中，由于独木舟是双体的，在海面上比较平稳，而且挂上风帆也不会倾覆。

漂流的坟墓——法老墓葬船

于公元1954年，在埃及吉萨的齐阿普斯法老金字塔内，考古人员发现了最古老的墓葬船残骸，它是该法老的随葬品之一。总共有5艘，其中有3艘在法老墓东边，2艘在南边，都只能算是残骸，考古人员发现的时候只有一些木料和绳索。其中有一艘长 31.2 米、宽 3.6 米、深 3.6 米，在里面共发现 407 件船上部件，包括船壳板、横梁、桨、操纵桨、门及多种织物制的绳缆，还有一些散架的木构件和工具箱。后期有技术人员将其复原，船体部分总共用了 1224 块黎巴嫩雪松木板和大构件，而小构件大多由桑树或无花果树杆打制。复原后的墓葬船有 10% 水容量的良好条件，与一般乾木所制作的船体相差无几，其中最长船板有 22.71 米长、0.52 米宽、0.1 米厚；最短船板仅有 0.1 米长。壳板端部嵌接，其侧缘部用木（榫）钉连接。肋板与外壳板的连接是在两部件相连所打孔眼处注入木碎片并用胶粘合，在木碎片上的胶合堵塞物虽年代久远，但仍保持了它们的黏性。

◆法老墓葬船

广角镜——腓尼基独木舟

腓尼基是地中海东岸的一个古代国家，它位于埃及、美索不达米亚、小亚细亚、希腊等文明古国的交通枢纽处。“腓尼基”的真正含义就是造船者。根据历史记载，早在公元前 3000 多年，肿尼基人就已经熟练地掌握了先进的造船技术和航海技能。那时候的地中海，爱琴海的海面上就经常出现欧洲腓尼基人和希腊人的独木舟作战队伍，这或许是世界上最早的海军雏形。腓尼基人建造的海船是一种平

◆腓尼基独木舟

底船，也是一种桨帆船，利用风帆和船桨航行。这种桨帆船船头有一个高高昂起的船首，像一只鸟头，船尾竖有一个鱼尾巴。腓尼基的海船上，船员主要是靠太阳和北极星来辨认方向。当时腓尼基人驾驶着鸟头鱼尾的平底海船，英勇的形象一直流传在历史的海洋中。

拓展思考

1. 注意观察你身边的河流或者海洋，你有发现独木舟吗？
2. 你知道独木舟是如何能够浮在水面上的吗？
3. 你觉得是中国人最早发明独木舟的吗？试着查阅资料证明。
4. 你能说说独木舟的出现有什么样的历史意义吗？

鱼腹魂销——龙舟

◆赛龙舟

端午节，宽阔的水面上，无风也无浪。当发令的枪鸣响的瞬间，龙舟竞发，像出弦的箭镞，向前方射去。岸畔的锣鼓与水中的锣鼓隆隆地擂动，一排排桨橹，如同整齐的步伐，你追我赶。龙在腾飞，龙在戏水，高昂着威武的头颅。欢呼的声浪在碧波上澎湃，催动着龙舟。龙舟在加速，在击水，划出一段欣喜的旋律，划出一篇激情迸溅的乐章。不仅仅是一种祭祠，一项民俗风的表演，它是炎黄子孙从古至今的文化展示，发扬光大的传统，与日月同辉，为今日的龙舟比赛，吟一首新词，为东方巨龙的腾飞，壮行！

龙舟

“龙舟”一词，最早见于先秦古书《穆天子传》卷五：“天子乘鸟舟，龙舟浮于大沼。”而同时期的《九歌·湘君》中写有“驾飞龙兮北征，邅吾道兮洞庭”“石濑浅浅，飞龙兮翩翩”，有学者认为这里的“飞龙”即龙舟。这首《九歌·湘君》中描述了湘人驾驭龙舟，将玉佩沉入江中悼念某位历史人物的场景，

◆龙池竞渡图卷

◆温州赛龙舟

其中寓意与“魂舟”有相似的地方，同样在楚国《人物御龙帛画》中也有类似的场景，两者可以相互验证同一个故事。根据《荆楚岁时记》记载：“五月五日，谓之浴兰节。是日，竞渡，竞采杂药。”从此之后，历代诗赋、笔记、志书等关于龙舟竞渡的记载就数不胜数了。龙舟，与普通船只不太相同，它的大小不一，桡手人数不一。如广州黄埔、郊区一带的龙船，长 33 米，路上有 100 人，桡手约 80 人；南宁龙舟长 20 多米，每船约五六十人；福建福州龙舟长 18 米，挠手 32 人。龙船一般是狭长、细窄，船头饰龙头，船尾饰龙尾。龙头的颜色有红、黑、灰等色，均与龙灯之头相似，姿态各有千秋，一般以木雕成，加以彩绘，也有用纸扎、纱扎的。龙尾多用整木雕，上刻鳞甲。除龙头、龙尾外，龙舟上还有锣鼓、旗帜或船体绘画等装饰。如广东顺德龙舟上饰以龙牌、龙头龙尾旗、帅旗，上绣对联、花草等，还有绣满龙凤、八仙等图案的罗伞。一般龙舟没有这么多的装饰，多饰以各色三角旗、挂彩等。古代龙舟也很华丽，如元代的《龙池竞渡图卷》，图中龙舟的龙头高昂，硕大有神，雕镂精美，龙尾高卷，龙身还有数层重檐楼阁，如果是写实的，则可证古代龙船之精丽了；又如《点石斋画报·追踪屈子》绘芜湖龙船，也是龙头高昂，上有层楼。一直到今天有些地区的龙舟还存有古风，精美非常。

小博士

端午节

端午节为每年农历五月初五，又称端阳节、午日节、五月节、五日节、艾节、端五、重午、午日、夏节，本来是夏季的一个驱除瘟疫的节日，后来楚国诗人屈原于端午节投江自尽，就变成纪念屈原的节日。

广角镜——龙舟习俗

◆苗家龙船节(http://www.zhuaker.com/)

造龙船也不一定是为了竞渡，在我国的很多地方都有些特定的龙舟习俗。例如贵州黔东南和湘西一带苗族同胞的“龙船节”，所做的龙船就不是为了竞赛，而主要是为了乘坐龙船游村串寨，会亲访友。龙船下水前，先由歌师唱吉祥祝福歌，祝愿龙船一路顺风。每条船上都有一位“鼓头”，由全寨推选出德高望重的老人担任，坐于龙颈击鼓发令，主持船上活动。龙船靠岸，水手们将糯米饭团和菜肴放在船帮上就餐，不用碗筷。妇女、儿童这时纷纷前来就餐，据说吃了龙船上的食品能消灾避难。而在广东水乡，龙船出游时，家家送米酒给划船的人，并由老人为龙点眼，然后才下水游去。游完后，龙头供奉在龙王庙，船身埋入河床沙泥中，第二年挖出来再用。

创意龙舟

在江苏武进，有一种夜龙舟，人们在夜晚四面挂起小灯进行赛龙舟以竞渡。而四川五通桥一带，也从 1982 年起出现了夜龙舟，在舟上装电灯，配焰火，漂浮河灯，辉煌夺目。浙江少数地方还于水上设堆堆浮焰，让张

◆夜龙舟

灯结彩的龙舟从焰中穿过。2005 年 10 月 8 日晚，一场别开生面的夜间龙舟赛在广东省广州市珠江水面进行，4 条经过精心装饰的夜龙舟，在多盏探照灯的交相照射下，流金溢彩，为珠江夜色增添又一美景。创新的赛龙舟形式，增加了龙舟运动的观赏性。

◆旱龙劲舞

还有一种旱龙舟，是在陆地上进行的模拟龙船比赛的活动。根据《南昌府志》所载：“五月五日为旱龙舟，令数下人异之，传葩代鼓，填溢通衢，士女施钱祈福，竞以爆竹辟除不祥。”浙江武义县，过去也有旱地推端午船之俗，也认为可除邪祟。另广东的佛山、东莞、信宜都有旱地划龙舟之俗，实际上是一种舞蹈，但日期不一定在端午，其中佛山秋季的旱地龙舟最为壮观。根据《徽州府志》记载：“五月五日，迎神船逐疫，船用竹为之，袭画状似鳅，以十二人为神，载而游绪市。”还有些地区把小型旱龙船给小儿做玩具。

轶闻趣事——冰上龙舟

冰上龙舟的诞生是一个有趣的故事。一天，太平湖旅游风景区董事长李军先生给刘海明顾问下达了冬季经营策划的咨询题目，要求在冰雪节上要有创新节目。太平湖旅游风景区的知名度并不高，而且在这个冬季是第一次对外经营，要

◆冰上龙舟比赛

想有知名度就必须对旅游项目进行创新，而且必须是独特新颖，能够让游客体验互动。刘顾问开始通过各种渠道去探索新项目，无意中他想起了小时候在北京玩的滑冰车和到重庆的轴承车以及龙舟赛。他认为如果三个合起来就可以创造出一种新的冰上运动：冰上龙舟。于是他立即开始着手试验，先做了四种独立的滑冰车，连接起来，滑动比较灵敏，后在一块跳板下面固定角钢，形成了最初的冰上龙舟，同时借鉴龙舟的比赛规则，起草了冰上龙舟的比赛规则。冰上龙舟是对几千年龙舟运动的创新，将传统的水上体育娱乐项目——赛龙舟从水上搬到冰上，属于世界首创。

巾帼凤舟

◆女子赛龙舟

在过去，许多地方的龙舟竞渡均不允许妇女参加，认为妇女接触龙舟很不吉利。如今各地都出现了女子龙舟队，英姿飒爽的女人们奋勇前进，争夺第一，丝毫不弱于须眉男儿。而随着妇女的地位不断上升，与春节有舞龙也有舞凤一样，端午有龙舟也有凤舟。凤舟的来源如上述，是源于远古的乌舟、鷁舟。古代宫廷中有凤舟，民间有凤船竞渡。根据《粤囊》记载："龙舟以吊大夫，凤船以奉天后，皆与五日为胜会。庚午之夏，番禺石桥村入聚万金，制凤船，长十丈，阔丈三，首尾高举，两舷重翼为舒敛，背负殿宇，以奉天后，游各水乡。"1964年之后香港又出现了凤艇赛，这种凤艇艇身稍短，可坐16名队员，饰有凤头、凤尾，由女队员竞渡。这的确是一种很好的比赛形式，合龙凤呈祥之意。有些地方还有龙凤船，根据《顺德县志》记载："大良之龙凤船妙极华丽。"但今已不见了。湖南汨罗市的龙舟，前装龙头，后置凤尾，凤尾是用包有红纸的竹篾成扇形插于船尾，如矩尾一般，也可称为龙凤船。龙凤船，似乎是龙船与凤船相融合后留下的痕迹。

◆赛凤舟

小贴士——划向世界

◆蒙特利尔国际龙舟节

第 14 届加拿大蒙特利尔国际龙舟节在蒙特利尔奥林匹克水上运动场开幕，本届龙舟节的主题是"赛龙舟，迎世博"。龙舟节组委会主席余绍然说，2010 年上海世博会将是一次全球性的盛会，对生活在上海姊妹城市蒙特利尔的华侨来说，也是一个值得骄傲的盛会。龙舟比赛这个富有中华文化传统的体育活动，近年来日益受到世界各国人民的喜爱，比赛的范围越来越广，参加的队伍越来越多，正成为一种世界性的体育活动。现在世界龙舟协会联盟已经有 50 多个会员国家。龙舟比赛正走向全世界，代表着中华优秀文化传统逐渐被全世界所认识。

拓展思考

1. 注意观察你身边有没有赛龙舟?
2. 龙舟与独木舟有什么不同吗?
3. 怎么才能让龙舟航行得更快?
4. 女子划龙舟一定比男子划龙舟慢吗?

前进的浪花——船桨、橹、舵

◆展示一下美丽的木桨

传说，鲁班看见鱼儿在水中挥尾前进，遂削木为桨。如今江南水乡农村小船上用的木桨基本上与之相近。桨支在船尾或船侧的桨檐上，木桨柄部大都制成圆形，粗细适中，容手一握，桨页处自上而下逐渐减薄，且呈扁平的柳叶状，入得水中，用手摇动桨檐绳，使水中的桨叶像鱼儿摆尾似地左右翻动，推动船只前进。人立在船尾，双手握住木制船桨的一头，或一手握住木桨一手握住桨檐绳，桨轻轻摇，船慢慢行，徜徉在烟波浩渺的水面。那始终浸淫在碧波中被岁月和绿水打磨的透亮光华的桨面不停翻转，如锦鲤戏水于湖中，随之在水面破出一道细腻柔碎的浪花。

划过水面的涟漪——船桨

船桨是一种利用物理学上的牛顿第三定律，通过水波的反作用力，使船前进的划船工具。它的上端为圆杆，利于手握，叫握杆；下端为板状，名桨板，用以拨水。大约在一万多年以前，新石器时代的人们开始利用独木舟航行，同时桨也应运而生，并且迅速成型。当时的桨与今天的桨相比而言，握杆比较短，桨板又窄又长。经专家考证是因为当时人们的划桨方式与今天相比有很大差别，那时的人们是一手握着握杆，一手把着桨板来划船的。不过，那时的桨已经做得很规整，很美观，而且还带有漂亮的雕花图案。相比之下，中东地区、西欧地区和美洲大陆先民的桨，做工就比较粗糙了。到了春秋战国、秦汉两朝，随着海军的雏形“舟师”的发展，以及皇帝们为寻长生不老药而多次发动的“东渡”活动，促进了桨的发展。桨逐渐趋于大型化，握杆变长，桨板缩短变薄，用起来更加方便，也更加有力，加快了水上航行的速度。晋朝以后，桨在外形上已经基本定型，只是体积和表面积仍旧在不断加大，用桨的规模也逐渐变大，由原来的一舟二桨，发展为“一舟桨叠层”，就是用上下两排桨。因为手工划桨非常不便，所以当时的船上已经出现了精密的简介控制桨划动的机器。现在我们已经不再使用大型的木船了，与此同时，桨也逐渐退出我们的视野。现在桨主要流行在各种游船上，带给游客以一种古典别致的韵味。此外奥运会上还保留了独木舟比赛，不过比赛用的桨是经过精心设计的，用材、比例等均与我们在游船

◆木桨制作中

◆有桨哪里都能划

◆举桨欢呼

上见到的仿古桨有很大区别。

知识书屋

中国关于船桨的古语

船桨，我国古代称之为“楫”或“棹”。（根据长短的不同，长的桨叫作“棹”，短的桨叫作“楫”）

棹，短曰楫，长曰棹。——《韵会》

楫，舟擢也。——《说文》

桧楫桧舟。——《诗·卫风·竹竿》

小贴士——冲浪运动

◆划桨兼冲浪

冲浪运动是一种以浪为动力的体育运动，对海浪的要求是高度要在1米左右，最低不少于30厘米。一直被人称为世界冲浪中心的夏威夷群岛常年有适合于冲浪运动的海浪，特别是冬天或春天都有从北太平洋涌来的海浪，浪高达4米，可以使运动员滑行800米以上，因此人们都非常喜欢在夏威夷群岛开展冲浪运动。古时候，冲浪是波利尼西亚人的一种古老文化，他们在选择首长的时候，就进行冲浪比赛，获胜者将成为部落的首长。而部落首长能够拥有使用最好的树木制造的最好的冲浪板，统治部落拥有的最好海滩，一般阶级的民众不准进入他们的沙滩，但民众可以通过优良的冲浪技术而晋升得到这些特权。

橹破滩痕散复圆

古代传说，鲁班看见鱼儿在水中甩尾前进，遂削木为橹。它是船舶的一种推进工具，是在舵桨的基础上发展演变而来的。舵桨加长后操作方式从“划”演变为鱼尾式的“摇”，就产生了中国特有的“橹”。橹的发明是中国对世界造船技术的重大贡献之一，但是它在中国起源的具体时间还是难以确定，从中国古籍记载来考证，橹最早出现的年代最晚为汉代。据东汉刘熙《释名》一书，对“橹”字已作了解释，并解释了它产生推力的主要原因是橹在摇动时在船脊上产生了力的作用。

◆摇橹

古人有“一橹三桨”的说法，认为橹的效率可以达到桨的三倍，因为从桨到橹的变化，事实上就是从间歇划水变成连续划水，提高了效率。橹的外形有点像桨，但是比较大，一般支在船尾或船侧的橹檐上，入水一端的剖面呈弓形，另一端则系在船上。用手摇动橹檐绳，使伸入水中的橹板左右摆动。橹摆动时，船跟水接触的前后部分会产生压力差，形成推力，推动船只前进，就像鱼儿摆尾前进。后来欧洲人看见中国人使用橹这种推进工具，发现橹比桨要优越，它是一种可以连续的推进工具。所以后来有专家就认为，螺旋桨的发明是受到了橹的启发而发明的。这个说法其实是有道理的，螺旋桨不间歇做旋转运动的叶片，与在水中滑动的橹板十分相似。

名人介绍——工匠祖师鲁班

鲁班，又叫公输般，生于周敬王十三年（公元前 507 年），卒于周贞定王二十五年（公元前 444 年）。鲁班出身于世代工匠的家庭，从小就跟随家里人参加

◆鲁班像

过许多土木建筑工程劳动，熟练地掌握了生产劳动的技能，积累了丰富的实践经验。鲁班很注意对客观事物的观察、研究，他受自然现象的启发，致力于创造发明。一次攀山时，手指被一棵小草划破，他摘下小草仔细察看，发现草叶两边全是排列均匀的小齿，于是就模仿草叶制成伐木的锯，后来他还发明了曲尺、墨斗、刨子、凿子、磨、碾、锁等。由于成就突出，建筑工匠一直把他尊为“祖师”。鲁班的发明对中国人民影响深远，已经成为古代劳动人民智慧的象征。

见风使舵

◆从图上看螺旋桨的左边就是舵叶

舵虽然由桨演变而来，但舵不划水，它主要是控制船的航行方向。当船行驶时，转动舵面，船尾产生的水流就会在舵面上形成一定的水压，称为舵压。舵压虽然很小，但因舵位于船尾，与船中间的重心相距最远，根据杠杆原理，力矩最大，因而能够很方便地左右船体，改变航向。舵始于何时已不可考，但至迟汉代，舵已经得到广泛使用。最初的舵不能升降，自船尾斜向伸入水中。后来，为了适应不同区域的水位深浅，出现了可以上下升降的升降舵，舵的安放位置也从斜向逐渐变为垂直，以方便升降。早期的升降舵多由人直接提升或放下，但一些大型船舵，如郑和宝船长 11 米多的舵杆，就只能以专门的绞车进行升降。船舵由舵面和舵杆两部分构成，舵面呈板状，用于调整船只航向，舵杆为杆状，一端与舵面相连，用于升降或转动舵面。早期船舵，舵杆多固定在舵面的一侧，舵杆与舵面重心有一定距离，转动时力矩较大，费力且不灵活。宋代以后，中国人发明了平衡舵，即将舵杆固定在舵面重心所在的垂线上，转动的灵活度大大增加。欧洲直到 18 世纪才出现类似的平衡舵。一直到今天的船舶设计中，平衡舵还是占有一定的地位。

拓展思考

1. 注意观察附近船舶，你有发现它们是用什么作为动力的吗？
2. 划桨是费力杠杆还是省力杠杆呢？
3. 橹与螺旋桨有什么相似的地方吗？
4. 你能说说掌舵主要负责航海的什么方面吗？

激情的浪花——艇类运动

◆拼搏之歌

在洁白的浪花中奋勇向前，紧握手中的划桨冲向胜利的前方，皮划艇是一项运动项目，1924 年作为表演项目进入奥运会；1936 年，皮划艇成为奥运会正式比赛项目；1972 年，皮划艇又增加了急流回旋项目。由于花费太高，该项目在慕尼黑奥运会之后马上撤出了奥运会。1992 年巴塞罗那奥运会恢复了该项目比赛，1996 年亚特兰大奥运会保留了该项目，而悉尼奥运会也举行了该项比赛。德国、瑞典等欧洲国家在静水比赛中一直占有优势。

皮划艇

◆全透明玻璃艇

皮划艇实际上是皮艇和划艇的总称。其中皮艇起源于格陵兰岛上的爱斯基摩人所制作的一种小船，这种船用鲸鱼皮、水獭皮包在骨头架子上，用两端有桨叶的桨划动。皮艇有舵，比赛时，运动员坐在艇内，面向前方，手持两头带桨叶的桨在艇的两侧轮流划动，依靠脚操纵舵控制航向。而划艇起源于加拿大。北阿拉斯加以渔猎为生的印第安人将树干掏空，坐在里面用木棍划行，故又称独木舟。划艇两头尖，艇身短，无桨架，无舵，划桨时前腿成弓步立，后腿半跪，手持一头带有铲状桨叶的桨在固定的舷侧划水，并控制方向。1865年苏格兰的麦克格雷戈仿兽皮船制作了一条长4米、宽75厘米、重30公斤的“诺布·诺依”号皮艇，驾艇穿越了瑞典、芬兰、德国、英国，并编写了《诺布·诺依千里行》一书，从而积极推广了皮划艇运动。1867年他所创建的英国皇家皮划艇俱乐部，举办了第一次皮划艇比赛，之后这项运动才逐渐开始盛行起来。其主要比赛项目有单人艇、双人艇、四人艇和障碍回转项目。一般制造皮划艇的材料有木制夹板、胶合板、铝合金、玻璃钢、塑料等。国际上对比赛用艇的长、宽、最低重量有统一规定，以利于公平竞争。制造者在此规定范围内，发挥其设计水平，尽可能让运动员在比赛中获得好成绩。当然，取胜与否，主要还是来自运动员技巧的灵活运用和力量的发挥。

◆双人划艇

◆单人皮艇

讲解——激流回旋

激流回旋是皮划艇比赛中的一项，运动员必须在规定的航道内穿越或绕过规定的障碍到达终点，以扣分少者为胜。航道长800米，有人工障碍和天然障

◆激流回旋

碍。人工障碍是宽为90～120厘米的门框，一般设25～30个，比赛时必须穿越每个门框，碰撞或漏穿均要扣分。男、女单人和双人障碍回转均于1992年被列为奥运会比赛项目。比赛中各艇不得两次抢航；不得越出自己的航道；转弯时，所有艇员均必须绕过规定的所有标志；统计成绩时，以艇首到达终点为准；比赛过程中桨折断或丢失时，运动员只能使用艇上的备用桨；当艇底向上，任一运动员脱离艇时可视为翻艇。

中国皮划艇发展史

◆2008北京奥运皮划艇比赛

早在两千多年前，中国就有“划龙舟”比赛，与现在的皮划艇类似，都是以独木舟为模板，进行修饰或者改进之后的水上运动形式。而现代皮划艇运动大概于1930年前后才传入中国，那时候，受西方列强入侵的中国，也不可避免地出现了各种西方的水上运动，其中英国人在上海设立了“划船总会”，后来俄国人又在东北设立“水上俱乐部”，但是这些水上运动都是专供外国人娱乐的，中国人无法参与其中。新中国成立后，在1952年底中国首次制造出自己的皮划艇，并于1954年在北京市水上运动会上，设立了男子1000米和女子500米皮艇比赛项目。“文化大革命”期间，皮划艇运动被迫停止开展，直至1972年才得以恢复。1974年中国加入国际皮划艇联合会。1975年皮划艇被列为全运会正式项目，同年中国开始参加世界锦标赛。

小故事——中国第一枚皮划艇金牌

2004年8月28日下午3点15分，这是一个令人激动的时刻，中国选手孟关良和杨文军在奥运会男子500米划艇决赛中，以1分40秒278的成绩夺冠，在这个并不为国人所熟悉的项目中，中国选手第一次获得皮划艇项目的奥运金牌，也是中国在历届奥运会水上项目中所获得的第一枚金牌。许多观众回想起当时的情景，仍然非常激动。决赛开始的时候，两人并不顺利，位置也偏后，但是两人拼尽全力，相互配合，奋力前划，在经过一半之后就追到了第四名。而进入最后冲刺阶段，中国队和其他几对几乎并驾齐驱，很难看出谁能首先冲过终点，而在中国队孟关良和杨文军两人的共同努力下，一直冲刺到最后，最终获得了金牌。

◆孟关良和杨文军获得金牌

赛艇

◆女子赛艇

赛艇是一种专门用于比赛、训练的船艇。艇身狭长，两头尖瘦，状如织布的梭子。赛艇的制作材料，除优质木材外，有玻璃钢、铝合金及碳素纤维等。最长的八人艇长达17～18米，宽只有57厘米；最小的单人艇有8米长，最宽处仅29厘米。赛艇运动起源于英国，17世纪泰晤士河的船工们经常举行划船比赛。1715年为

◆圣克鲁斯地区单人赛艇

◆国际赛艇比赛

庆祝英王加冕，首次举行赛艇比赛。赛艇是由一名或多名桨手坐在舟艇上，背向舟艇前进的方向，运用其肌肉力量，通过桨和桨架简单杠杆作用进行划水，使舟艇前进的一项水上运动，是奥运会传统的比赛项目之一。赛艇比赛开始时，各艇在起航线后排齐，发令员发令后，各艇以最快的速度划向终点，以艇首到达终点的先后判定比赛胜负。然而在天然水域比赛，受到各种天气情况以及其他因素的影响，就算紧接着对两组进行成绩对比，也会有很大的区别，因而赛艇比赛成绩是没有可比性可言的。一直以来，赛艇比赛成绩从未产生过世界纪录，而健康专家们觉得，这种运动能有效地提高人体的心血管和呼吸系统功能，增强全身肌肉力量，调节神经系统平衡，对身体健康非常有利。据说赛艇运动称为肺部体操，赛艇运动员的肺活量可达 7000 毫升，在各项体育项目中可谓第一。

小贴士——牛津与剑桥的“冤仇”

英国两大名牌学院比试划船技术起源于 20 世纪 30 年代，这个主意是两位好朋友突发奇想。1829 年 3 月 12 日，剑桥给牛津下了战书，挑战书全文如下：剑桥大学在此向牛津大学挑战，在伦敦或靠近伦敦的泰晤士河上进行一次八人艇挑战赛，时间定在复活节期间。同年两个大学首次进行比赛后，从此结下“冤仇”，因为比赛以挑战的形式进行，前一年的失败者成为下一年的挑战者。这个比赛也成为当地的一件盛事，每年比赛期间，泰晤士河两岸会聚25万观众，在以往比赛中，剑桥大学赢得77次，牛津大学获胜70次，只有1877年的比赛成为平局。

◆牛津与剑桥的比赛

拓展思考

1. 注意观察你身边的水上运动，哪些与艇类有关？你能列举出几种吗？
2. 皮艇和划艇、赛艇有什么区别？
3. 艇类运动有什么共同点吗？你知道几个呢？
4. 你能说说中国艇类运动的具体情况吗？

天神的指引——星辰导航术

◆星辰

星星在遥远的天边，你无法得到它，但你可以像水手一样，让它为你指引方向。中国古籍有很多关于将天文应用于航海的记载。西汉《淮南子·齐俗训》中写有："夫乘舟而惑者，不知东西，见斗极则寤矣。"东晋法显《佛国记》记载："大海弥漫无边，不知东西，唯望日月星辰而进。"北宋朱彧在《萍洲可谈》中写道："舟师识地理，夜则观星，昼则观日，阴晦观指南针。"明《武备志》所收的《过洋牵星图》记有南北、东西星体在水天线上若干指（角度单位）的数据，用以估计船位。

利用星辰指明方向

因地球的自转，星星在东边升起，西边落下，并与天际线以一个固定的角度交会。在一个领航人有限的一生中，这些位置并不会有可察觉到的变化（此角度方位虽会因朝南或朝北航行而有异，但在赤道的范围内改变并不大）。大洋洲的领航人用所观测到星星升起与落下的方位来决定航向。

在夜间，领航人将独木舟的船头对准一颗和航行目标方向一致、正在升起或沉落的星星或是星座。当穿越强风与洋流航行时，领航人会选择一颗偏离方向的星星导航，来修正因洋流及风压所造成的航向偏差。不像高

◆朝向接近一颗天际线的星星航行

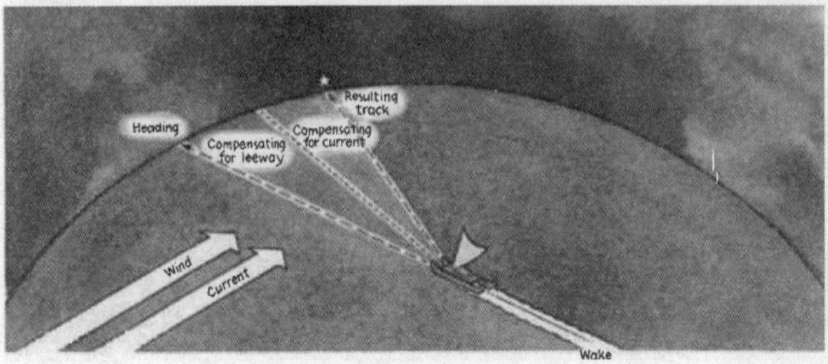

◆修正因洋流及风压造成航向的偏差

纬度的星星以斜角横越天空，靠近赤道的星星以将近垂直的角度升起落下。透过方向修正，领航人能利用星星在天际的几个小时，以其作为有用的指标。当用以指引的星星升得太高或落到天际线下，而无法用它观测到精确的方位时，领航人会以其他与导航星星的偏角差不多的星星（也就是与导航星星在相似位置升起落下的星星）作为参考。但是当目的地的天际线被乌云掩蔽，或在天际线找不到任何指引的星星时，舵手便会观看其他的天体来导航。在船尾升起落下，或在航线一侧的星星，或月亮与其他比较亮的行星，都可以用来维持独木舟的航向。

在早晨及接近傍晚时，领航人及舵手靠太阳来决定航向。当太阳升得太高而无法观测到精确的方位，或天色太暗时，他们用强劲的洋流，有时甚至用风向来决定航向，虽然用风来决定比较不精准。要使用以上所说的定位方法，必须时时仔细观察星星、太阳、风向及洋流间的关系才能成功。一年中，太阳升起与落下与每天天际线所成的夹角，会在南北回归线间来回变化。要使用太阳来定位，领航人必须持续观察记录太阳在天际线附近的变化，譬如说每天观测在群星渐暗时，太阳光在破晓前曙光移动变化的状态。同时，也要持续观察纪录主要洋流、风向与星辰、太阳间的关系，以便在天空阴暗或太阳角度太高时，利用这些替代品来决定航向。

小博士

北斗七星

北斗是由天枢、天璇、天玑、天权、玉衡、开阳、摇光七星组成的。古人把这七星联系起来想象成为古代舀酒的斗形。天枢、天璇、天玑、天权组成为斗身，古曰“魁”；玉衡、开阳、摇光组成为斗柄，古曰“杓”。北斗星在不同的季节和夜晚不同的时间，出现于天空不同的方位，所以古人就根据初昏时斗柄所指的方向来决定季节：斗柄指东，天下皆春；斗柄指南，天下皆夏；斗柄指西，天下皆秋；斗柄指北，天下皆冬。

轶闻趣事——徐福东渡

◆日本徐福公园

公元前219年秦始皇第二次出巡，登上芝罘岛，纵情浓览。只见云海之间，山川人物时隐时现，蔚为壮观，尤令秦始皇心驰神往。这种景象，本来是海市蜃楼，但方士为迎合秦始皇企望长生的心理，将其说成传说中的海上仙境。徐福乘机给秦始皇上书，说海中有蓬莱、方丈、瀛洲三座仙山，有仙人居住，可以得到长生仙药。秦始皇大为高兴，随后根据徐福的要求，派童男童女数千人随他出海求取仙药。至今日本仍保存着不少徐福活动的遗迹，如和歌山县徐福和他的传员七人墓、徐福宫等。

明代航海技术——牵星术

◆学生制作牵星板

我国古代航海史上，很早就知道通过观看天体来辨明方向。大约到了元明时期，我国天文航海技术有了很大的发展，已能观测星的高度来定地理纬度。这是我国古代航海天文学的先驱。这种方法当时叫“牵星术”。牵星术的工具叫牵星板，是用优质的乌木制成，共有 12 块正方形木板，最大的一块每边长约 24 厘米，以下每块递减 2 厘米，最小的一块每边长约 2 厘米。另有用象牙制成一小方块，四角缺刻，缺刻四边的长度分别是上面所举最小一块边长的 1/4、1/2、3/4 和 1/8。比如用牵星板观测北极星，左手拿木板一端的中心，手臂伸直，眼看天空，木板的上边缘是北极星，下边缘是水平线，这样就可以测出所在地的北极星距水平的高度。高度高低不同可以用十二块木板和象牙块四缺刻替换调整使用。求得北极星高度后，就可以计算出所在地的地理纬度。

元代意大利的马可波罗由陆路来我国，在我国待了二十多年后由海路回去，海路航线是经我国南海进入印度洋折而往西。马可波罗当时是搭乘我国航海家驾驶的我国船舶回去的。在马可波罗游记中记载了当时我国海船和航海的情况。据游记记载，海船由马六甲海峡进入印度洋后，便有北极星高度的记录，可见那时我国航海家已经掌握了牵星术。根据记载，明代郑和七次下“西洋”，“往返牵星为记”。可知当时航行在印度洋中的我国航海家已经十分熟悉牵星术了。明代牵星，一般都是牵北极星，但在低纬度（北纬六度）下北极星看不见时，改牵华盖星（北极星是小熊座 α 星，华盖星是小熊座 β、γ 双星）。

动手做一做

牵星术

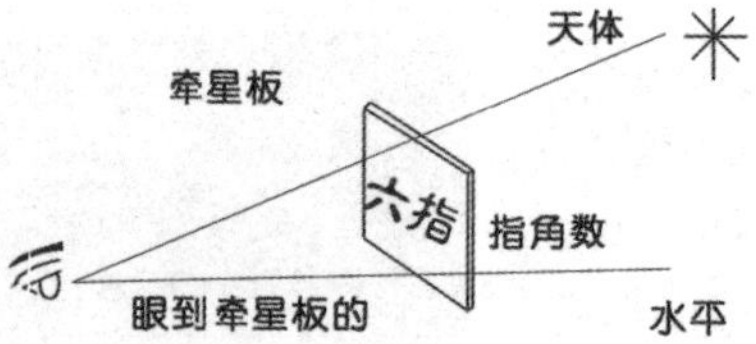

小贴士——观星法

◆北极星

明代在航海中还定出了方位星进行观测，以方位星的方位角和地平高度来决定船舶夜间航行的位置。当时叫观星法，观星法也属牵星术范围之内。明代牵星术的航海记录，例如从古里（今印度西海岸的科泽科德）到祖法儿（今阿拉伯半岛东海岸阿曼的佐法尔）航路，在古里开船，看北极星的高度是6°24′。船向西北，船行900公里到莽角奴儿（今印度西海岸的门格洛尔），看北极星的高度是8°。后船向西北偏西，航行1500公里，在大海中，看北极星的高度是10°。船又向正西稍偏北，航行2100公里，到祖法儿，看北极星的高度是12°48′。把北极星高度用当时的算法折算成地理纬度，和现在各地的地理纬度基本相合。从航路来看，航向和航程也和现在的航路大致相同。由此可见，明代天文航海技术已经相当先进了。

欧洲人的星辰术——测天仪

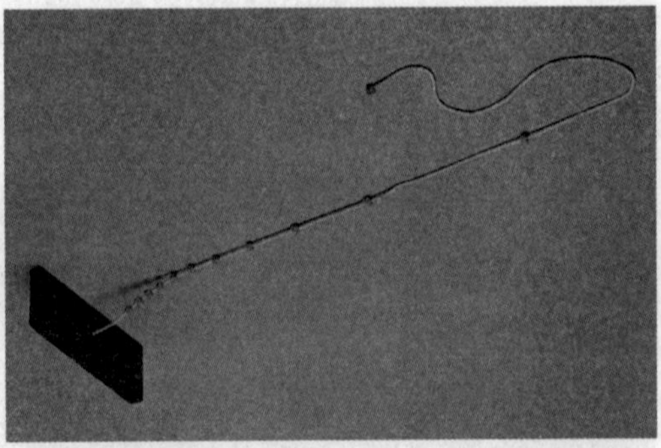

◆阿拉伯卡玛尔测天仪

1530 年以后，西方航海家才普遍使用另一种比较新颖的测纬度的航海仪器“弩”。它又称十字测天仪、雅各棒、金杖等，后来得以广泛使用。它是按古代阿拉伯测天器卡玛尔（公元 14 世纪前后）原理，由一长木杆组成，其构造也相当简单。一根短杆垂直缚在长约 0.9 米、附有角度比例尺的长直杆上，短杆可在长杆上前后移动，短杆上下两端各穿一孔。要探测船的纬度时，先选定一颗不动的星，海员即把长杆按前伸方向放在眼前，从其一端观察，一面调整移动短杆的位置，直到可从其下面孔中看到地平线，而同时从上面孔中看到北极星为止；然后，记下短杆在长杆标尺上的位置。这样就可算出所观察星体的高度，以及船所在位置的纬度，这就是当时航海家们先后曾使用过的天文航海辅助仪器。实际上在一艘海上颠簸摇晃的船上，使用这类仪器必须依靠海员的熟练技术和眼明手快，即使这样也难免会产生很多误差。

拓展思考

1. 注意夜空，你能依靠星星辨别方向吗？
2. 如果你迷路了，你用什么来辨别方向？
3. 一年四季中星星的位置都是一样的吗？
4. 你觉得十字测天仪的用法和牵星板是一样的吗？

永恒的使命——航海九星

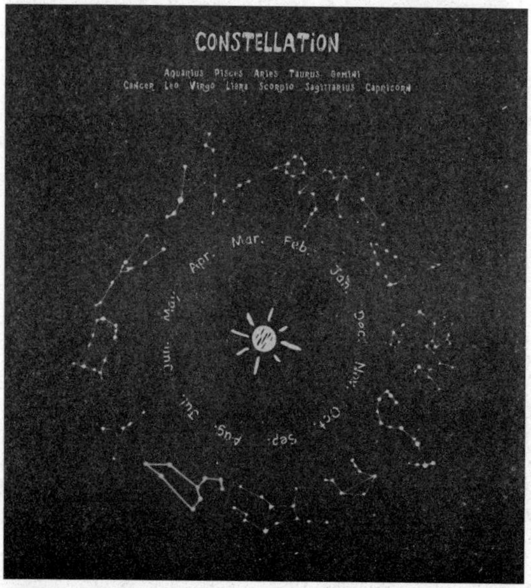

◆黄道十二宫

黄道是在一年当中太阳在天球上的视路径，看起来它在群星之间移动的路径，明显的也是行星在每年中所经过的路径。更明确地说，它是天球与黄道平面的交集；以几何学来描述，它是包含地球环绕太阳运行的平均轨道平面。黄道平面应该是稳定不变的黄道平面，是垂直所有行星轨道平面角动量和的平面，而木星应该是最主要的影响者。在古人看来，太阳是阿波罗神，它休息的地方定然是金碧辉煌的宫殿，因此，他们就把黄道上的1段叫作“1宫”，这样，黄道上的12段便成了“黄道十二宫”。而根据中国古代人们的观察，发现在这些星座之中有几颗星星特别明亮，而且可以作为航海的方向标，称之为“航海九星”。

轩辕十四

狮子座α星，也就是轩辕十四。它是一颗白色亮星，在亮星表上排名第21，距地球约84光年，在地球上看它位于狮子的心脏位置。轩辕十四是一颗年龄只有数亿年的年轻恒星，它的自转非常的快速，只需15.9小时就可以自转一周，这也造成轩辕十四呈现一个扁率非常高的形状，也导致重力减光效应。这个效应导致轩辕十四极区的温度比赤道地区还要高，亮度也是赤道地区的5倍。只要轩辕十四的自转速度再快16%，将会造成离心力大于向内的向心力，使得整颗恒星被撕裂。轩辕十四的光度为太阳的260倍，表面温度12200开，半径为太阳的3.6倍，质量是太阳的4.5倍。轩辕十四有一对比较小且昏暗的伴星，共同组成一个多重星系统。这对伴星彼此相距约100天文单位，并以2000年的周期相互环绕。伴星距离较大的轩辕十四A为4200天文单位，而且以超过130000年的周期来绕着这颗主星来公转。古代波斯将轩辕十四、毕宿五、心宿二、北落师门称为四大帝王之星，古代占星家就用这些星来占卜帝王的命运。在中世纪威卡教的信仰中，轩辕十四是堕落天使的化身，也是南方通道的地区看守者。

◆轩辕十四

◆月掩轩辕十四

小知识——天球

在天文学等领域中，天球是一个想象的旋转的球，理论上具有无限大的半径，与地球同心。天空中所有的物体都想象成是在天球上。与地球相对应，它有天赤道、天极。

毕宿五

◆毕宿五

◆月亮右下方就是毕宿五

毕宿五，也就是金牛座最亮的一颗。它的直径约为5300万公里，是太阳直径的38倍。由于其内里的氢已经耗尽，毕宿五已由主序星演变为红巨星，靠燃烧氦来继续发光发热。它的古文意思是“追随者”，因为它紧随昴星团之后升起。毕宿五有一个伴星，是一个视星等达11等的白矮星，肉眼不能看见，只能够用望远镜来观测。1997年，人们透过观测，认为毕宿五可能有一个行星存在，其质量约为木星的11倍。其光谱与光度分类属于K5III型，呈橙色，在地球上的视星等为0.86，是夜空中的亮星之一。在占星学或神秘学中，乌列尔是毕宿五的守护者，代表四大元素的土。

小知识

星 等

星等首先由古希腊天文学家喜帕恰斯提出。为了衡量星星的明暗程度，天文学家创造出了“星等”这个概念。星等值越小，星星就越亮；星等的数值越大，它的光就越暗。

北河三

北河三即双子座β星，意思是“拳术师”。全天第17亮星，视星等1.14等，绝对星等0.98等，距离地球35光年，是颗K0IIIb型红巨星。其光度为太阳的32倍，是距离我们最近的红巨星之一。我国古代称为“北河三”，属于二十八宿中的井宿，北河三星中的第三颗，冬季星空的主要亮星之一，是全天第十七亮星，呈橙色。在冬季星空中，双子座α星（北河二）和β星（北河三）的距离相当近，北河三和北河二所处的位置，与大犬座α星（天狼星）和金牛座α星（毕宿五）刚好可以形成一个等边三角形，通过这个方法，很容易就可以找到北河三和北河二。其中偏东南方向的那颗星，就是北河三。虽然北河三被命名为“β星”，但在视星等上，它却比α星（北河二）还要光亮。北河二及北河三虽被形容为星座的“双子”，但它们的特性大不相同，前者在体积及温度上，均要比后者高得多。

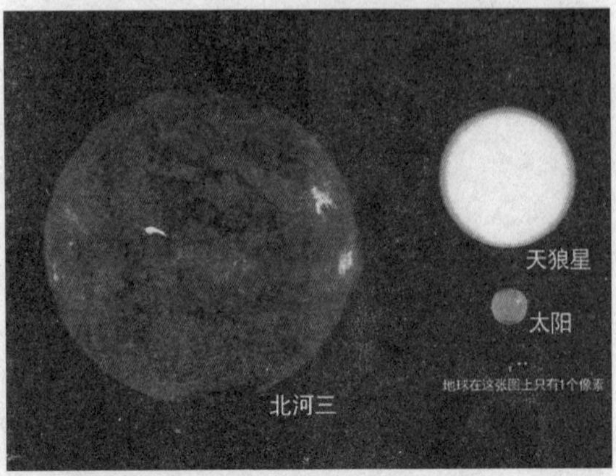

◆北河三

北落师门

北落师门属北宫玄武的室宿，是南鱼座的主星（南鱼座α星），距离地球约25.1光年。在地球上的视星等为1.16，是除太阳外，在地球上能看到的第17位亮星。北落师门的光谱分类为A3V，直径约为太阳直径的1.7倍，质量约为2.3倍，亮度15倍。它只有约2到3亿年的年龄，是非常年轻的恒星。早期，红外线观测辨认出一个冷物质带环绕着这颗恒星，近来，其细节被哈勃太空望远镜记录了下来。哈勃摄像机的日冕观测仪有一个遮光板覆盖了来自这颗恒星的眩光。图中环绕着北落师门的偏心环的整齐而清晰的内边缘是轨道上运行着巨大行星的强有力证据，因为只有存在一个巨大行星才能形成和保持细碎天体物质所形成的环状带内边缘的整齐状态。这个环到北落师门的距离是133个天文单位。中国古代"师门"指军门，"北"指宿在北方，"落"是指天之藩落；另一种说法是古代长安北门叫北落门，北落师门就指北落门。古阿拉伯称北落师门为"鱼嘴"。在秋天的星空中，我国大部分地区能够看到最靠南的亮星（岭南地区则是老人星）。古代波斯将北落师门、毕宿五、心宿二、轩辕十四称为四大王星，这主要是因为这四颗星距离黄道很近，而且四颗星几乎均匀地分布在黄道上。

◆北落师门

◆高挂夜空的北落师门

角宿一

角宿一为角宿第一星，即室女座α星，是全天第十六颗亮星。北半球春季的夜晚，在东南方向的天空中可以看到这颗明亮的一等星。要找到角宿一，只需沿着位于大熊座的北斗七星的斗柄和牧夫座的大角连成的曲线方向向下就可以看到。将北斗七星的斗柄曲线向东南方向延伸，越过大角星后，继续向前就碰到角宿一。它与大角星的距离，约等于大角星到斗柄末尾的距离。从北斗七星的斗柄到焦素衣的这条曲线叫作“春季大曲线”。角宿一距离地球 260 光年，表面温度达到 2 万摄氏度，发青白色的光。在中国古代，角宿一是“二十八宿”的第一宿的第一星。现在，它在恒星间以每秒 1.6 公里的速度缓慢地离开地球。它是轨道周期为 4.0145 天的双谱分光双星兼测光双星，是质量较大的密近双星，距离我们 84 秒差距（约 275 光年）左右。角宿一目视星等总变幅为 0.09 等，变光的主要原因是甲乙两颗非球状子星的公转，即椭球双星的变化；变光的次要原因包括甲星的脉动。甲星的脉动周期为 0.1738 天，属于仙王座β型变星，脉动所造成的亮度变幅和视向速度变幅有不稳定现象。双星轨道面的倾角约 659，轨道半长轴为 27 倍太阳半径，偏心率为 0.13，近星点运动周期为 143±20 年。

◆角宿一附近发现彗星

◆三星伴月

小博士

光谱

光谱是复色光经过色散系统（如棱镜、光栅）分光后，被色散开的单色光按波长（或频率）大小而依次排列的图案，全称为光学频谱。光谱中最大的一部分可见光谱是电磁波谱中人眼可见的一部分，在这个波长范围内的电磁辐射被称作“可见光”。光谱并没有包含人类大脑视觉所能区别的所有颜色，譬如褐色和粉红色。

牛郎星

◆牛郎星和织女星

河鼓二即天鹰座α星，俗称“牛郎星”。在夏秋的夜晚，它是天空中非常著名的亮星，呈银白色，距地球16.7光年，直径为太阳直径的1.6倍，表面温度在7000℃左右。它呈扁圆形，其赤道半径为极半径的1.5倍，发光本领比太阳大8倍，目视星等为0.77等。它与“织女星”隔银河相对。古代传说牛郎织女七月七日鹊桥相会，实际上牛郎织女相距16光年，即使乘现代最强大的火箭，几百年后也不曾相会。牛郎星两侧的两颗较暗的星为牛郎的一儿一女——河鼓一、河鼓三。传说牛郎用扁担挑着一儿一女在追赶织女呢！夏天，它和织女星、天津四星构成了“夏季大三角”。牛郎星位于大三角南端。阿拉伯人把这三颗星叫作天平星，我们也把它们叫作挑担星。牵牛星是恒星，它的光辉是太阳的9倍有余，距离地球16光年，每秒钟接近太阳33公里。早在汉代，《大载礼记·夏小正》就说：“是月织女东向，盖言星也”，也就是说，至少在汉代时，人们已经

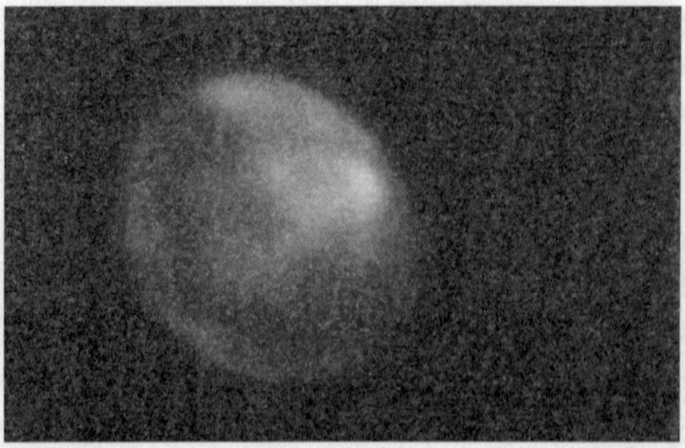

◆牛郎星

注意到织女星在天空中的运行规律，以七月显得最为突出。《史记·天官书》说织女“是天帝外孙”，也就是天孙的由来。《星经》则说“牵牛，名天关”，牵牛星就是牛郎，而河鼓则是后来转义。

其余几颗星辰

娄宿三是天空中第 46 亮星，属于白羊座其中最亮的娄宿三，是二等星。娄宿位于白道（月亮的运行轨迹）和黄道的交点附近。

心宿二的主星其实是个半规则变星，亮度变化于 0.9 到 1.8 等之间，变光周期 48 年。其表面温度 3600 开，半径为太阳的 600 倍，表面积是太阳的 36 万倍，质量却只有太阳的 25 倍。

室宿一，中性之星，代表悲伤、暴力、荣誉及财富，是飞马座 α 星，为航海九星之一。

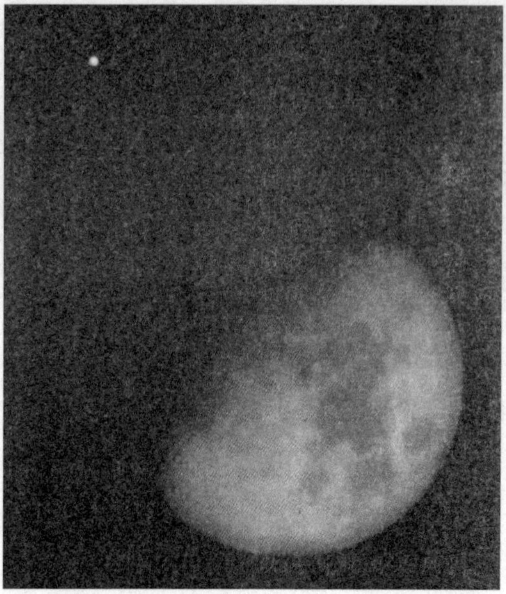

◆星月相会（心宿二）

拓展思考

1. 注意观察晚上的星空，你能找到几颗熟悉的星星呢？
2. 恒星和行星、彗星有什么不一样吗？
3. 航海九星为什么不包括太阳和月亮呢？
4. 你会使用天文望远镜来观察星星吗？

追寻海神的脚印——古代地文航海

◆珊瑚礁

海洋约占地球表面积70.9%的盐水水域，分布于地表的巨大盆地中，面积为3.62亿平方公里。海洋中含有约13.5亿万立方千米的水，约占地球上总水量的97.5%。全球海洋一般被分为数个大洋和面积较小的海。四个主要的大洋为太平洋、大西洋和印度洋、北冰洋，大部分以陆地和海底地形线为界。四大洋在环绕南极大陆的水域即南极海（又称南部海）大片相连。在大海中各处均有一系列群岛，稀稀落落地分布在各个海上，还有各种奇形怪状的礁石和沿着海岸线的山脉，这些就是古老航海者前进时所能确定方位的依据。

中国古代地文航海技术

◆中国庙岛

在遥远的古代，人们只能在靠近海边的位置上航海。优越的海疆地理环境和丰富的资源，为勤劳智慧的先民提供了探索海洋和征服海洋的条件，使他们得以在人类航海史上，谱写光辉的篇章。在中国漫长的海岸水域内，按其地形和水文特征，可将近海分为渤海、黄海、东海、南海以及台湾以东的太平洋

◆琅琊山

海区。其海岸在杭州湾以北，除辽东半岛、山东半岛属于山地丘陵海岸外，绝大部分为平原海岸。杭州湾以南，除局部港湾和中小型河口三角洲属于平原海岸外，绝大部分属于山地丘陵海岸。北方岛屿较少，南方岛屿星布。由珊瑚礁和红树构成的海岸，仅分布在南海及东海部分沿海地段。这些沿海丘陵、山峰、河口、岛屿、礁石等地貌特征，在古代早期海上航行时，就被当作导航的重要陆标。因此，航海人员必须熟悉航行海区的山形水势、岛礁沙浅、潮流气象等自然航行条件，知道哪些有利于航行，应该予以利用；何者碍于航行，需要回避。

万花筒

岛屿的形成

由海底火山作用而产生的喷发物质（主要是熔岩）堆积而成或由珊瑚虫的分泌物和遗骸堆积的珊瑚礁构成。前者如夏威夷群岛中的大部分岛屿，后者如中国的西沙、南沙群岛。

小贴士——对景定位

对景定位，是一种最为古老而简便的定位导航方法，见于文字记载的有：公元前5世纪齐景公（公元前547—公元前490）曾对晏子说："吾欲观于转附（今山东烟台）、朝舞（今成山），遵海面南，放于琅琊（今山东胶南市琅邪台西北）。"即是船从转附出发向东航行，至成山，便以成山头山势作为航路转向陆标，到此转向南下，即可至胶州湾一带海域的琅琊。在这一时期，据史籍所载，公元前485年，吴国大夫徐承率舟师从海入齐。公元前468年，越灭吴，勾践率戈船三百艘，迁都琅琊，说明从转附可以通到浙江沿海。浙江以南的福建、广东沿海一带的越人，于“魏襄王七年（公元前312）四月，越王使公师隅来献乘舟，始罔及舟三百，箭五百万，犀角、象齿焉”。这些大规模活动，都是以沿岸地貌特征为导航标志，逐步分段开通了一条沿海航路。一直至汉武帝平定了闽越和南粤的分裂割据，统一了全国以后，才贯通一条长达18000多公里的南北沿海大航路。

知识库——地理标志性名词

到了明代，有许多著作对各条航路上的山形、岛礁等物标记载有更进一步的发展。从这些载籍中可以看到，这些地物标志名词，已经约定俗成为一些规范性的专用术语，例如：

山——沿岸陆地突起的山头，或指海中水面高耸的海岛。

屿——指露出水面不高，地势平缓上有草木的小岛。

门——海中两岛间有水道可以航行的入口处。

嘴——海岸的山角，又名为“师”。

头——航行在山石洲浅附近最先看到或接于航道一端的山头。

岛群间的地文航海

塔西提岛是南太平洋上的波利尼西亚群岛118个岛中的最大岛，是法属波利尼西亚国际机场和首府所在地，总面积约1000平方公里，形状从空中鸟瞰似尾鱼，鱼头鱼身被称为“大塔西提”，鱼尾叫“小塔西提”，目前人口约有十万余人。古代的岛族人领航员显然没有现代的罗盘、航海图或西方纬度及经度的概念，取而

◆大溪地

◆俯瞰图瓦卢群岛

代之的是，他们借着观察天象、海象，以及风和天气的变化，发展出一套属于自己的系统。这类知识赋予他们“三段航海”的能力，也就是从A岛出发寻找B岛（第一段）；从B岛返回A岛（第二段）；回到A岛后，他们知道B岛的位置以及如何来回航行（第三段）。航海的首要条件是必须有能力保持方向一致。他们知道在不同的季节、夜间的不同时段，应该分别锁定地平线的哪些星星。他们也有不同方法可以算出计划航线的距离，估计航行的速度、流程以及在海上的时间。即使是最小的岛屿，他们也有“扩大目标”的方法，协助他们在看见小岛之前就能先行得知。由于许多岛屿都呈群岛排列，他们因此将扩大目标结合，形成一个巨大的岛屿“画面”，领航员朝画面中央前进，然后在群岛航行以找出目标岛屿。

小资料——鸟群也能指引航海

根据船员们长期的经验发现，海边的岛屿或者陆地上都有栖息着一定数量的鸟群，它们早上飞到海上捕鱼，到了傍晚鸟群会成群飞回岛屿栖息。当船员航行到一处海域，而根本无法确定自己的位置时，如果刚好是清晨或者傍晚，就可以注意天空中成群的鸟群。如果看到了不止一群，而是好几群陆栖性成鸟的话，你可以肯定陆地就在不远处。进而船员

◆晨光中的鸟群

会根据时辰确定鸟群是栖息还是捕食，选择是否跟着鸟群的方向。另外船员也可以根据岛屿周围海洋颜色的变化以及靠近陆地附近的漂流物，例如椰子、海带、漂流木等来确定附近是否有陆地。

海浪衬云彩

◆拉奈岛的云

◆浅海环礁湖与云层

长期的经验使得船员知道云也可以透露出岛屿的位置。观察岛屿上的高山对贸易风云系造成干扰进而造成天际线的变化，这个变化可以用来观测岛屿的方位。船员会告诉你，当发现了一块稳定堆积的云指向大溪地的方位，在当时虽还看不见陆地，但几小时后证实，那就是大溪地所在的方位。还有就是浅海环礁湖（潟湖）在云层底部所造成的绿色反光。土阿莫土列岛西方侧边的岛礁，就因为这种肉眼可见的云层变化而有名。有经验的船员靠着一连串的云层变化来定位岛礁，包括了岛礁上空微小逗留不去的云块、云层底部不同的颜色反光。V 型的云块代表岛礁的所在。无云的天空在岛礁上方会出现大量光线的反射。为了要观测并解析这些云层的变化，船员必须要耐心长时间地观察天空。

一些有经验的船员可以利用波浪的干扰，找到陆地。海浪固定的波纹受到陆地干扰的现象，提供领航人岛屿所在大概的方位。举例来说，在看到燕鸥的一个小时后，船进入了土阿莫土岛的范围，这个时候船不再摇

◆海面上的波浪

晃。除了偶有清风吹过以外，海面是平的，这就表示附近的环礁阻挡了东南贸易风的波浪。大洋洲居民应用许多其他的方法，观测陆地对海面波纹的影响。岛屿附近的折射波可以在船仍在天际线下方时，就提供船员关于岛屿的方位。当波浪靠近浅水区时，来自海底的摩擦力会使波浪慢下来。正对岛屿的地区，波浪会先慢下来，在两侧的地区，波度会随着地势的加深，而不再减少的那么多。这导致波锋沿着岛屿两侧弯曲，最后越过船尾，我们称作“岛屿的痕迹”。

广角镜——神秘的海底闪电

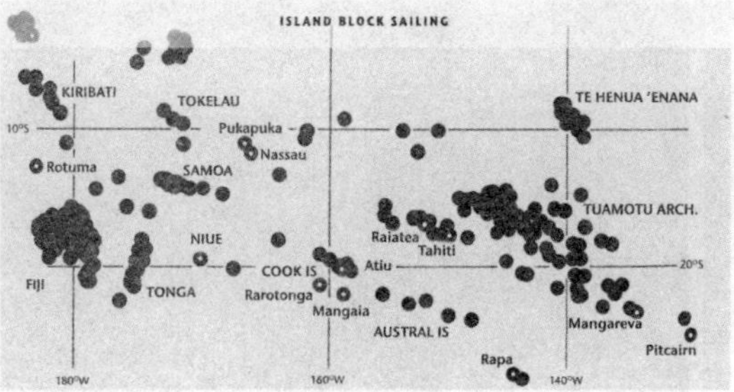

◆海底的闪电

一些特殊海域特有的现象就是海底的闪电。当某位船员在圣大克卢兹群岛航行时，另外一些当地岛民教他如何用他称为海底闪电的方式找到陆地。当地人认为，那是一种会发光的生物体，就像是在黑夜中，被浪花激起或在船痕中发亮的浮游生物。他说明海底闪电会以较规则的条纹、闪光、短暂发光的斑点出现在水面下，在水面下摇曳，指出岛屿所在的方位。海底磷光在远海海域可以看得最清楚，越靠近陆地越不易看到，直到完全脱离视觉范围之外。圣大克卢兹群岛的领航人特别喜欢用海底闪电导航，尤其是在漆黑的雨夜，然而，海底闪电的本质及它是如何发生的，还未有定论。

拓展思考

1. 注意观察你身边的大海，有没有发现在海边有什么奇特的地形地貌？
2. 你能记住这些地形的特征，作为自己的风向标吗？
3. 你会为这些奇特的地形地貌取个什么名字呢？
4. 你认为海底的闪电是什么生物造成的呢？

海洋的两张脸——海潮和海啸

◆海潮

大海，表面看上去一直那么平静，那么祥和。每天她都试着轻轻拍打着海岸，冲上沙滩，然后又缓缓退去。她从来不放弃，从来不妥协。当然我们现在知道这是潮汐。当在海边戏水的时候，我们还能感觉到大海在温和地安抚着大地，似乎在轻轻地歌唱，每次冲上和退去的时候，海边的人们都能听见大海的心声。而大海也有狂暴的时候，有时候海啸产生，能够激起千层浪，汹涌地冲上大地，湮灭无数的生命和建筑，而海上的船舶更是不可承受这样的危害，一般都以沉入海底为结局。

海潮

海洋潮汐，简称海潮，是指海水在太阳、月球的引潮力作用下引起的海面周期性的升降、涨落与进退。海洋学上习惯上把海面垂直方向涨落称为潮汐，而海水在水平方向的流动称为潮流，是沿海地区的一种自然现象。古代称白天的潮汐为“潮”，晚上的称为“汐”，合称为“潮汐”。由于日、月引潮力的作用，使地球的岩石圈、水圈和大气圈中分别产生的周期性的运动和变化，总称潮汐。作为完整的潮汐科学，其研究对象应将地潮、海潮和气潮作为一个统一的整体，但由于海潮现象十分明显，且与人们的生活、经济活动、交通运输等关系密切，因而习惯将“潮汐”一词狭义理解为海洋潮汐。固体地球在日、月引潮力作用下引起的弹性—塑性形变，称固体潮汐，简称固体潮或地潮。海潮的涨落时间，和我国传统农历有着对应的关系，这也是中国古人的智慧结晶。农谚中有“初一十五涨大潮，初八二十三到处见海滩”之说，即是在农历每月的初一即朔点时刻处太阳和月球在地球的一侧，所以就有了最大的引潮力，会引起“大潮”；在农历每月的十五或十六附近，太阳和月亮在地球的两侧，太阳和月球的引潮力你推我拉也会引起“大潮”；在月相为上弦和下弦时，即农历的初八和二十三时，太阳引潮力和月球引潮力互相抵消了一部分，所以就发生了“小潮”。另外每天也有涨潮发生，由于月球每天在天球上东移 13 度多，合计为 50 分钟左右，即每天月亮上中天时刻约推迟 50 分钟左右，故每天涨潮的时刻也推迟 50 分钟左右。

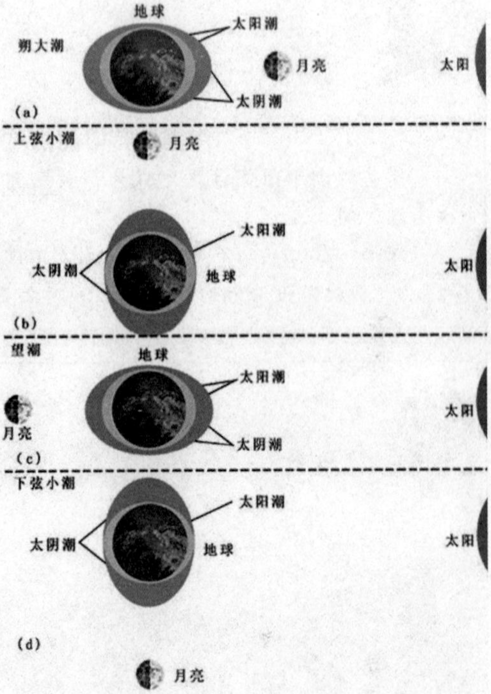

◆潮汐的规律

◆奇形海潮

动手做一做

海潮涨落时间的简易计算方式

简易的潮水时间计算方式为：最高潮时间＝农历×0.8，最低潮时间＝最高潮时间＋/－6。

例如：2000年12月31日，农历日期是初六，因此涨潮时间是6×0.8＝4.8，也就是说涨潮时间是早上和晚上4点48分。

广角镜——潮汐能

◆潮汐发电站

潮汐能是由于海潮高度差而被人类加以利用的海洋能，是指海水潮涨和潮落形成的水的势能。根据平衡潮理论，如果地球完全由等深海水覆盖，用万有引力计算，月球所产生的最大引潮力可大约使海水面升高0.563米，而在太阳引潮力作用下可以升高0.246米。一般认为当海洋潮汐波冲击大陆架和海岸线时，通过上升、收聚和共振等运动，使潮差增大。潮汐能的能量与潮量、潮差成正比，或者说，与潮差的平方和水库的面积成正比。和水力发电相比，潮汐能的能量密度很低，相当于微水头发电的水平。我国潮汐能的理论蕴藏量达到1.1亿千瓦，在我国沿海，特别是东南沿海有很多能量密度较高。

海洋的怒吼——海啸

海啸是产生于海洋的自然灾害之一，其危害性巨大。它产生的原因主要是由于水下地震、火山爆发或水下塌陷和滑坡等海底陆地活动。当地震发生于海底，因震波的动力而引起海水剧烈的起伏，形成强大的波浪，向前推进。海啸通常由震源在海底 50 千米以内、里氏地震规模 6.5 以上的海底地震引起。海啸波长比海洋的最大深度还要大，在海底附近传播也没受多大阻滞，不管海洋深度如何，波都可以传播过去。海啸在海洋的传播速度大约为每小时 500～1000 公里，而相邻两个浪头的距离也可能远达 500～650 公里。当海啸波进入陆棚后，由于深度变浅，波高突然增大，它的这种波浪运动所卷起的海涛，波高可达数十米，并形成“水墙”。由地震引起的波动与海面上的海浪不同，一般海浪只在一定深度的水层波动，而地震所引起的水体波动是从海面到海底整个水层的起伏。海啸同风产生的浪或潮是有很大差异的。微风吹过海洋，泛起相对较短的波浪，相应产生的水流仅限于浅层水体。猛烈的大风能够在辽阔的海洋卷起高度 3 米以上的海浪，但也不能撼动深处的水。海啸波浪在深海的速度能够超过每小时 700 千米，可轻松地与波音 747 飞机保持同步。虽然速度快，但在深水中海啸并不危险，低于几米的一次单个波浪在开阔的海洋中其长度可超过 750 千米，这种作用产生的海表倾斜如此之细微，以致这种波浪通常在深水中不经意间就过去了。海啸是静悄悄地不知不觉地通过海洋，然而如果

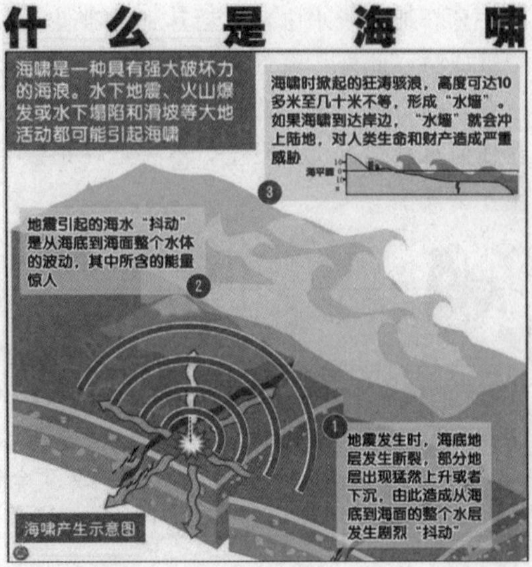

◆什么是海啸

◆海啸冲击石油平台

出乎意料地在浅水中，它会达到灾难性的高度，对人类的生命和财产造成严重威胁。此外，海底火山爆发、土崩及人为的水底核爆也能造成海啸。还有，陨石撞击也会造成海啸，“水墙”可达百尺，而且陨石造成的海啸在任何水域都有机会发生，不一定在地震带。不过陨石造成的海啸可能千年才会发生一次。

小 知 识

我国关于海啸的记录

我国学者发现，在公元前 47 年（即西汉初元仁年）和公元 173 年（东汉熹平二年），我国就记载了莱州湾和山东黄县海啸。这些记载曾被国外学者广泛引用，并认为是世界上最早的关于全球的海啸发生区大致与地震带一致的两次海啸记载。

小贴士——海啸预警系统

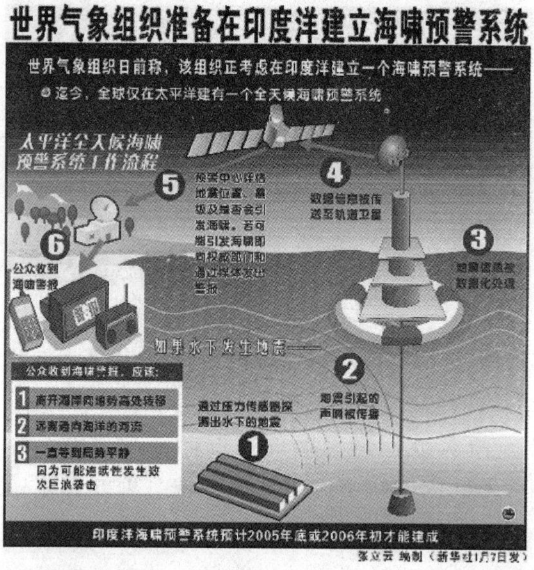

◆海啸预警系统

海啸预警的物理基础在于地震波传播速度比海啸的传播速度快。如能利用地震波传播速度与海啸传播速度的差别造成的时间差分析地震波资料，快速地、准确地测定出地震参数，并与预先布设在可能产生海啸的海域中的压强计的记录相配合，就有可能做出该地震是否激发了海啸、海啸的规模有多大的判断。然后，根据实测水深图、海底地形图及可能遭受海啸袭击的海岸地区的地形地貌特征等相关资料，模拟计算海啸到达海岸的时间及强度，运用诸如卫星、遥感、干涉卫星孔径雷达等空间技术监测海啸在海域中传播的进程，采用现代信息技术将海啸预警信息及时传送给可能遭受海啸袭击的沿海地区的居民，并在可能遭受海啸袭击的沿海地区，开展有关预防和减轻海啸灾害的科技知识的宣传、教育、普及以及应对海啸灾害的训练和演习。

海啸中的船舶

◆海啸冲击城市(http://z.about.com/)

海啸波是重力长波，波长可达100公里以上。它的传播速度等于重力加速度与海水深度乘积的平方根。海水深的区域，海啸波速度比在海水浅的地方要快许多，所以在深海航行的轮船和牢固的小船通常可以安然度过海啸，但在浅水区或停靠船坞里的不能幸免。当海啸波由远离海岸的深海区，进入海岸附近的浅海区后，波速便急剧降下来，后面的波速依然很快，后波就追上了前波，前后波相叠加，便使波浪的高度倍增，形成几米，甚至几十米高的巨浪。因此，在离海岸不远的浅海区深蓝色海面就会突然变成白色，并在其前方出现一道长长的明亮的水墙；位于深海区，浪高为2米到10米的海啸对行驶在深海的大船并不能构成什么威胁，但沿海小渔船会受影响，突然剧烈地上下颠簸。不过12月是休渔期，靠岸的船只就没有那么幸运了，会被推到岸上数十米。一般情况下，海啸预警系统如果能够测到即将发生海啸，就会通知相关船只要求他们驶向深海区域，以避免受到巨大损失。

拓展思考

1. 你曾经观测过海潮吗？
2. 你能计算海潮的涨落时间吗？
3. 思考一下潮汐发电与水力发电的区别。
4. 谈谈你对海啸的认识。

看不见的危机——海雾和海冰

◆浓雾中的“明日光2号”

海洋中常常有隐藏性的危险，其中比较严重的就是海雾和海冰。海雾是一种危险的天气现象，一年四季均有发生。它就像一层灰色的面纱笼罩在海面或沿岸低空，给海上交通和作业带来很大的麻烦，可谓“无声的杀手”。海上船舶碰撞事件有60%～70%是由海雾引起的。海雾是在特定的海洋水文和气象条件下形成的。海冰是由于海水凝结或者两极冰山碎裂而漂浮在海面上，当海员从海面上观察的时候，可能只会以为一个小冰片而已，实际上海冰的大部分都被浸没在海面以下，使得船舶在无意中或者错误判断下出现避让不及的意外事故。历史上较为著名的一次海冰意外事故就是“泰坦尼克”号沉船事件。

海雾多蓊郁

海雾是海面低层大气中一种水蒸汽凝结的天气现象，因它能反射各种波长的光，故常呈乳白色。水汽在大气中要达到凝结，必须要有充足的水汽。虽然广阔的海洋上日夜蒸发着大量水汽，但那里并不是每天都会发生凝结的现象。这是因为大气一旦达到饱和，蒸发就会立即停止，空气中水汽不再增加也就很难达到过饱和状态，而使水汽发生凝结。只有当水面温度比气温高出很多时，暖水面才有可能不断蒸发水汽，源源不断地扩散到

◆海面蒸腾的水汽

◆漂流的海雾

◆雾海茫茫

冷空气层内，使其保持过饱和状态，凝结过程才能不断进行，出现蒸腾似的雾，这就是所谓的平流蒸汽雾。另一种凝结方式，就是依赖降低水汽的温度，从而达到过饱和水汽的出现。当暖湿气流经过冷海面时，它把热量传给冷海面而降低了自身的温度，这时饱和水汽量随温度降低呈现出过饱和状态，就会发生凝结。此外，岛屿地形的斜升作用，常将从海面吹来的温暖空气在岛屿迎风面上抬升，便有可能因上升降温促进凝成为地形雾。

水汽的凝结是产生海雾的一个重要条件，凝结的水汽如何保持在低空层中而不下落，这是形成海雾的另一个不可缺少的条件。要保持凝结的水汽在低空积聚，这就需要水汽凝结的雾滴（水滴或冰晶）足够的小。经测量，雾滴的直径一般为 10 微米左右，比通常的雨滴要小 1000 倍左右，因此雾滴下降的速度很慢，每分钟仅 1 厘米左右，看似好像积聚不动的状态，所以有雾时一般风速都很小，风速大时雾滴很快就被吹散或蒸发掉。科学家根据海雾成因不同将其分为平流雾、混合雾、辐射雾和地形雾。

小书屋

能见度

在气象学中，能见度用气象光学视程表示。气象光学视程是指白炽灯发出色温为2700K的平行光束的光通量，在大气中削弱至初始值的5%所通过的路径长度。

所谓“能见”，在白天是指能看到和辨认出目标物的轮廓和形体；在夜间是指能清楚看到目标灯的发光点。

讲解——如何在海雾中安全航行

◆海雾中航行

海上航行，常因海雾而受阻，甚至造成海难。船舶航行途中遇雾不能靠“停”和“减速”解决问题，而视具体情况、凭理论知识、实际经验和应变能力来解决雾航中遇到的各种问题。当船舶遇到海雾的时候，尽量选择能见度良好的区域航行，开启雷达进行标绘或相应的系统雷达观察。当船舶进入能见度不良或其附近水域航行时，开启规定的各种号灯，及时通知船长、轮机长开启驾驶室门窗，保持有效的听觉。当能见度低于3海里时，船舶鸣放雾笛，船长亲自操纵船舶并坚持值守，改自动舵为手操舵，适当的时候可以选择锚泊。在这个过程中要注意避让渔船。

漂流着的危险——海冰

海冰指直接由海水冻结而成的咸水冰，亦包括进入海洋中的大陆冰川

◆芬兰海面上羽毛状海冰

◆冰山

（冰山和冰岛）、河冰及湖冰。咸水冰是固体冰和卤水（包括一些盐类结晶体）等组成的混合物，其盐度比海水低 2‰～10‰，物理性质不同于淡水冰。海冰的抗压强度主要取决于海冰的盐度、温度和冰龄。通常新冰比老冰的抗压强度大，低盐度的海冰比高盐度的海冰抗压强度大，所以海冰不如淡水冰密度坚硬，在一般情况下，海冰坚固程度约为淡水冰的 75％。广义的海冰还包括在海洋中的河冰、冰山等。最初形成的海冰是针状或薄片状，随后聚集和凝结，并在风力、海流、海浪和潮汐的作用下，互相堆叠而成重叠冰和堆积冰。海冰一般情况下都浮于海面，但是却只是露出其中的一部分，形状规则的海冰露出水面的高度为总厚度的 1/7～1/10，尖顶冰露出的高度达总厚度的 1/4～1/3。人在 5 厘米厚的河冰上面可以安全行走，而在海冰上面安全行走则要有 7 厘米厚的冰。当然，冰的温度愈低，抗压强度也愈大。1969 年渤海特大冰封时期，为解救船只，空军曾在 60 厘米厚的堆积冰层上投放 30 公斤炸药包，结果还没有炸破冰层。

海冰的危害

漂浮在海洋上的巨大冰块和冰山，受风力和洋流作用而产生的运动，其推力与冰块的大小和流速有关。据 1971 年冬位于我国渤海湾的新“海二

◆船与冰

井”平台上观测结果计算出，一块6公里见方，高度为1.5米的大冰块，在流速不大的情况下，其推力可达4000吨，足以推倒石油平台等海上工程建筑物。

海冰对港口和海上船舶的破坏力，除上述推压力外，还有海冰胀压力造成的破坏。经计算，海冰温度降低1.5度时，1000米长的海冰就能膨胀出0.45米，这种胀压力可以使冰中的船只变形而受损。此外，还有冰的竖向力，当冻结在海上建筑物的海冰，受潮汐升降引起的竖向力，往往会造成建筑物基础的破坏。我国1969年渤海特大冰封期间，海冰摧毁了由15根2.2厘米厚锰钢板制作的直径0.85米、长41米、打入海底28米深的空心圆筒桩柱全钢结构的“海二井”石油平台，另一个重500吨的“海一井”平台支座拉筋全部被海冰割断，可见海冰的破坏力对船舶、海洋工程建筑物带来的灾害是多么严重。

小资料——如何检测海冰

一般海员对海冰的观测方法主要是目测法，也就是这依靠观测员的眼睛和经验进行观测，海员要根据自己的经验来观察海冰的冰量、流冰密集度、流冰冰状、固定冰状等。这种方法因为条件简单，可操作性强，目前还不能用其他观测方法完全代替，并且目测结果还可以作为高科技遥感技术的可靠验证。另外就是借助工具和仪器对海冰进行观测，依靠观测员的操作和读数据，如冰厚、冰温、冰密度，堆集

◆“我们”在这里呢

高度等。这种方法能够得到比较精确的数据，可以成为航海中重要的凭据，而且可以与目测法相互结合，相互验证。而随着科学技术的发展，新式的方法是遥测法，主要是应用现代遥感技术对海洋进行监控。这种方法可以完全依赖仪器本身进行观测，如利用卫星能及时、同步、大范围观测海冰。彩色海冰卫星图片则能直观地一目了然地展示海冰的分布情况，但是对冰厚、冰温等要素的观测，目前远不如器测法准确。

小知识

遇到海冰时，可以倾洒煤灰，利用吸收日光热量融化海冰；也可以使用炸药，炸出一条航路；另外使用燃料，也可以加热融化海冰。

拓展思考

1. 你身边发生过雾的现象吗？你觉得什么情况下才能称为起雾了呢？
2. 你能分辨烟与雾之间的区别吗？
3. 你知道几种可以融化冰的方法呢？
4. 你知道海冰除了危害之外还有什么益处吗？

大气的力量——热带气旋和季风

◆热带气旋(http://bbs.weathercn.com/)

地球大气层，又称大气圈，因重力关系而围绕着地球的一层混合气体，是地球最外部的气体圈层，包围着海洋和陆地，大气圈没有确切的上界。我们人类生活在地球大气的底部，并且一刻也离不开大气。大气为地球生命的繁衍，人类的发展，提供了理想的环境。它的状态和变化，时时处处影响到人类的活动与生存。大气的运动变化是由大气中热能的交换所引起的，热能主要来源于太阳，热能交换使得大气的温度有升有降。空气的运动和气压系统的变化活动，使地球上海陆之间、南北之间、地面和高空之间的能量和物质不断交换，生成复杂的气象变化和气候变化。

热带气旋

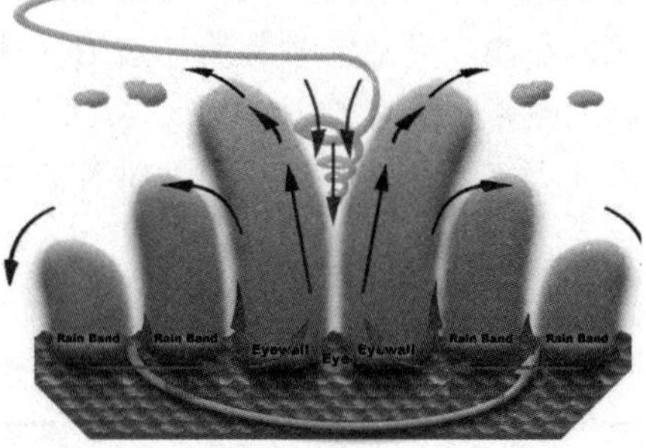

◆热带气旋形成原理图

热带气旋是一种强大而深厚的热带天气系统，主要发生在热带或副热带洋面上的低压涡旋，通常在离赤道平均3～5个纬度外的海面上形成。它的移动主要受到科氏力及其他大尺度天气系统所影响，最终在海上消散，或者变为温带气旋，或者在登陆陆地后消散。如果热带气旋登上陆地，则会给沿海地区带

◆三个热带气旋

来巨大的财产损失和人员伤亡，属于对人类能够造成巨大损失的自然灾害之一。而从大气循环的角度来讲，热带气旋亦是其中一个重要组成部分，因为热带气旋能够将热能及地球自转的角动量由赤道地区带往较高纬度。另外，热带气旋也可为长时间干旱的沿海地区带来丰沛的雨水。

◆热带气旋过后

热带气旋由于受到科氏力的作用，会围绕着中心旋转，其在北半球是逆时针方向旋转，在南半球则以顺时针旋转。而这样旋转的能量主要是由温暖而潮湿的空气提供，当热带气旋登陆后或者转移到温度较低的洋面上，便会因为失去相应的能量，而减弱消散或转化为温带气旋。热带气旋发生的地区不同，称呼也不同。西太平洋沿岸的中国、日本、越南、菲律宾等地，习惯上称当地的热带气旋为台风，而大西洋则习惯称当地的热带气旋为飓风。在澳大利亚，被称为“威力—威力”气象学认为，当风速达到某一程度的热带气旋才会被冠以“台风”“飓风”等名字。根据气象研究发现，西北太平洋地区是全世界热带气旋发生次数最多、强度最大的海域。

小博士

科里奥利力

科里奥利力来自于物体运动所具有的惯性，在旋转体系中进行直线运动的质点由于惯性的作用，有沿着原有运动方向继续运动的趋势，但是由于体系本身是旋转的，在经历了一段时间的运动之后，体系中质点的位置会有所变化，而它原有的运动趋势的方向，如果以旋转体系的视角去观察，就会发生一定程度的偏离。

小贴士——如何在台风中航行

◆电影《完美风暴》图片

当船舶在航行中遇到台风，就不可避免地要做出各种规避，尽量减少台风对船舶的危害。根据经验和气象科学的研究，有经验的船员喜欢把台风依其行进方向剖分为两个半圆，其中右边的半圆称为危险半圆，因为右半圆中海浪与风的方向相同，导致海浪反而更高也更危险，最为危险的就是在右半圆中很有可能被带入台风的路径之中。另外一个是左半圆，被人称为可航半圆，因为风与海浪的方向相反，海浪比平时还弱，船舶在这个半圆中，可以逐渐脱离暴风圈。那船员是如何确定船舶所在位置是哪个半圆呢？按照气象学的说法，越接近热带气旋中心，风力越大，气压越低。当风速增大、气压降低时，说明船舶处于前半圆，若此时的真风向随时间反时针变化，则表明是危险象限；反之，说明船舶位于右前半圆。当风力减小、气压上升时，则说明船舶处于后半圆。当风向不变或少变，而风力增大、气压降低，表明船舶处于热带气旋中心移动路径的正前方；若风向不变或少变，而风力减小、气压上升，则表明船舶在热带气旋中心移动路径的正后方。船舶应当注意气旋的动态，计算出恰当的方向安全离开。

小知识

航速

船舶在海洋里航行是以“海里”为记程单位的，1 海里等于 1. 852 千米。船舶的航速叫作“节”，1 节等于 1 海里/小时。

万里初来船舶风

◆季风

如果说台风是大气运动中狂暴的力量，那么季风就可以认为是大气温和的一面。宋代苏东坡《船舶风》诗中有“三时已断黄梅雨，万里初来船舶风”之句。在诗引中他解释说：“吴中（今江苏的南部）梅雨既过，飒然清风弥间；岁岁如此，湖人谓之船舶风。是时海舶初回，此风自海上与舶俱至云尔。”诗中的“黄梅雨”又叫梅雨，是阳历六月至七月初长江中下游的连绵阴雨。“三时”指的是夏至后半月，即七月上旬。苏东坡在诗中提到的七月上旬梅雨结束，而东南季风到来的气候情况，和现在的气候差不多。从上述的诗文中可以看出我国古代早有关于季风的记载，只是由于地区不同，名称也有所不同，如信风、黄雀风、落梅风。在沿海地区还把夏季从东南洋面吹至我国的东南季风专称为“舶风”，其意就是能够用于航行的风。

能够对我国产生影响的季风主要有三个：一个是印度夏季风，当印度季风北移时，西南季风可深入到我国大陆；第二个是流过东南亚和南海的跨赤道气流，这是一种低空的西南气流；第三个是来自西北太平洋副热带高压西侧的东南季风，有时会转为南或西南气流。季风每年 5 月上旬开始出现在南海北部，6 月底至 7 月初抵达长江流域，7 月中上旬推进至黄河流域。我国冬季风比夏季风强烈，尤其是在东部沿海，常有 8 级以上的北到西北风伴随寒潮南下；南海以东北风为主，大风次数比北部少。由于古代海船航行主要依赖于风力，而冬季的偏北季风不利于从南方来的船舶驶向大陆，只有夏季的偏南季风才能使它们到达中国海岸。因此，偏南的夏季风又被海员称作舶风。海员根据地区气候特色的梅雨天气宣告结束时候，就可以判定夏季风的到来。

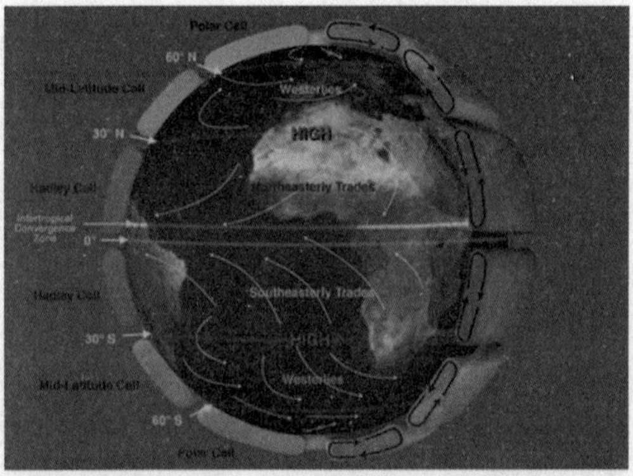

◆季风环流

◆东亚大气环流

轶闻趣事——中国关于季风航海

我国古代利用季风实施航海活动，取得过辉煌的成就。明代郑和下西洋，除了第一次夏季气起航秋季返回外，其余六次都是在冬半年的东北季风期间出发，西南季风期间归航。这充分说明了古人对风的活动规律已经有了深刻的认

◆季风中航行

识。《测海录》中记载："自厦来台，宜西北风。自台注厦，宜东南风"。人们擅于利用季候风扬帆航海。在亚洲东南方的海上，冬春季刮东北向的信风，而到了夏秋，则会刮西南向信风，于是当时由日本西航至中国，或由中国向西南航行至南洋和印度各地的船只，都在冬春季出航；到了夏秋时，在海上航行的就是由印度及南洋各地去往中国，或由中国出航到日本的海船了。于是"唐人街"应运而生。它们先后出现在当时国际贸易的主航线上，特别是华商往来频繁的东南亚及日本的沿海地区。

拓展思考

1. 注意观察天上的云彩，你能察觉天气变化吗？
2. 你住的位置有什么样的信风？
3. 你见过台风吗？你知道台风有哪些警报吗？
4. 你认为台风的，为保证自己安全要做些什么？

远渡重洋

——近代航海技术

第一艘汽船的诞生，标志着帆船时代的结束，人们开始使用更为先进的技术和仪器漂洋过海，探索整个新大陆。其中主要是流传甚远的六分仪，而且人们开始放弃明轮等船舶推进器，而是改装成螺旋桨。海面上的船舶也逐渐变得越来越多，经常会发生各种海上意外事故，主要由天气、火灾等因素造成。为了避免由于意外事故而造成巨大的人员伤害，国际上开始探索海上救生方法和装备，以期望能够在紧急情况下及时救助海上人员。而对于来往船舶，则通过旗语等手段改进通信技术，使得船舶在海上能够及时避开。而各个国家为了维护自己的海上利益，也开始发展海上军事力量，其中最为突出的就是潜水艇的发明，使得海军的主要战斗力发生了巨大变化。

世界上第一艘汽船——克莱蒙特

◆“克莱蒙特”号轮船

“克莱蒙特”号是近代造船史上第一艘真正的汽船。它以铁为新型造船材料，以蒸汽机为新的动力系统，以螺旋桨为新的推进系统，开创了造船史的新纪元。“克莱蒙特”号标志了帆船时代的结束，汽船时代的开始。“克莱蒙特”号的成功，是富尔顿认真研究、反复试验、不屈不挠、艰苦探索的结果。在造船和修船期间，富尔顿每天早晨5时就到工地，和木工、油工、水手们在一起工作。

富尔顿的蠢物

帆船时代，美国与欧洲大陆的交通全靠帆船，速度既慢，又不够安全。作为一个美国人，富尔顿深深地体会到这种不便，他希望有一种不靠人力、风力驱动的船只，可以高速度航行，使美国和欧洲成为近邻。于是他通过朋友瓦特，想利用蒸汽机作为轮船的动力系统，设计并制造了轮船。1803年的一天，富尔顿在巴黎的塞纳河上初次试验了他的汽船。这艘船其貌不扬，船上的主要部位安放着一台烧煤的大蒸汽锅炉，看上去十分笨重，人们对这个丑八怪简直不屑一顾，称之为“富尔顿的蠢物”。第一次试航就在人们的哄笑声中结束了。虽然在法国没有得到重视，但在美国有许多实业家对这个想法非常支持，于是富尔顿于1807年在美国纽约建成

◆黄昏中的轮船

了另一艘汽船“克莱蒙特”号。这艘船长 45 米、宽 4 米，是一个比塞纳河中的船更为神气的大家伙。然而，由于过去多次失败的试验，人们不相信这个庞然大物会成功地航行，仍把它嘲笑为“富尔顿的蠢物”。8 月 17 日，是“克莱蒙特”号的试航日。在众目睽睽下，“克莱蒙特”号的大烟囱冒出了滚滚黑烟，蒸汽机轰响起来，两舷

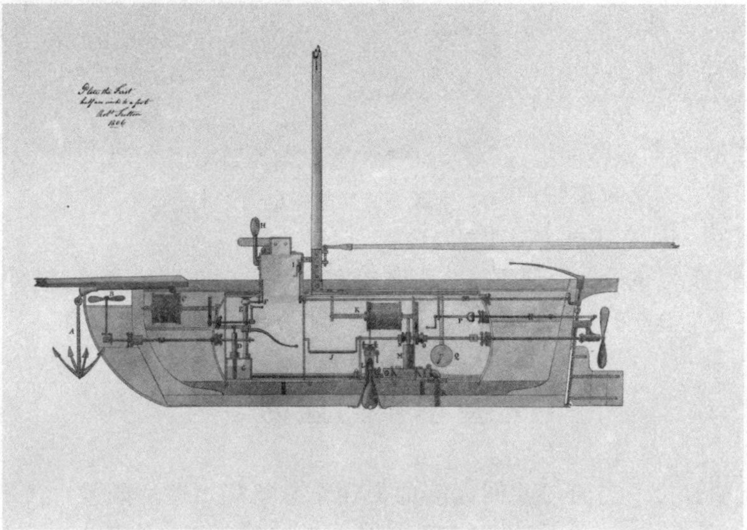

◆蒸汽轮船结构图

的船桨在机器的带动下开始划水，船慢慢离开了码头，向前驶去。这时，船上的 40 名乘客和岸上的人群都欢呼起来，在船尾亲自操纵机器的富尔顿更是热泪盈眶，激动万分。从此，富尔顿的名字传遍了美国和欧洲，他被誉为“轮船之父”。美国人还把他的故乡——宾夕法尼亚州的兰开斯特县命名为“富尔顿县”，用以纪念他对人类做出的杰出贡献。

小知识——明轮

明轮是一种船用局部入水的推进器，装在船的两侧或尾部，形状类似车轮，在轮周上装若干桨板，拨水向后使船前进。因轮之大部分在水面以上，故称“明轮”。我国古代用人力运转的明轮船称为“车船”“轮船”。

名人介绍——轮船之父

◆富尔顿

富尔顿出生于美国一个贫苦的农民家庭，自幼家境贫困，十七岁起就离家自谋生活。有一天，天气晴朗，河水清澈，小富尔顿和邻居大叔一起驾着小船到河的上游去找活干。他们开始悠闲地撑着篙，逆流而上。小富尔顿到离开自己村庄的外地去，心情格外高兴，情不自禁地唱着美国乡村的民谣。河水的“哗哗”声和小富尔顿的悠扬、婉转的歌声交织在一起，令人心醉。早晨的太阳愈升愈高了，阳光洒在水波中，像碎银洒在绿色的缎带上。突然，水流湍急，小船在河中打转，富尔顿和邻居大叔拼命地撑篙，汗水湿透了他们的衣服，但船仅能艰难地移动。小富尔顿心里想：撑篙太费力了，假如有一种东西能让船自动行走，该多么好啊！他想象的翅膀在河中飞翔，他好像看见在河中出现了一只自动行驶的船。他的神思又回到现实中来，对邻居大叔说：“大叔，撑篙又费劲，又缓慢，如果有一种东西能让船自动行走，该多么好啊！”大家都只是当作一个笑话，而富尔顿却认真思考，一直到发明了汽船。

“大西方”号蒸汽轮船

◆“大西方”号轮船

在轮船发明之初，人们还不太信任，长期以来的习惯，帆船仍然是人们所信赖的航行工具。如果轮船要用于远洋运输，那么它所面临的最大问题仍是在长途海运中需要有足够的煤以供应锅炉生火。当时的一些汽船仍然太小，不足以储备足够的煤，或煤储备足够却又影响到客货运的空间。这个问题最后居然被解决了。于是英国大西方铁路公司的负责人决定造一艘客运汽船，把这条交通线一直延长到纽约。于是会议决定再在布里斯托尔造一艘名叫“大西方”号木壳客运汽船的，成为一艘横渡大西洋的定期班船。该船排水量达1340吨，在1838年到1847年间，相继穿越大西洋46次，其后十年又到西印度群岛作商业服务。利用木壳明轮汽船作越洋航行一直延续到1856年。

拓展思考

1. 你认为轮船的轮和马车的轮有什么区别吗？
2. 汽船比起帆船的优势有哪些？
3. 你了解蒸汽机的原理吗？
4. 你能说说汽船的发明对航海的贡献是什么吗？

海里的波涛——船用螺旋桨

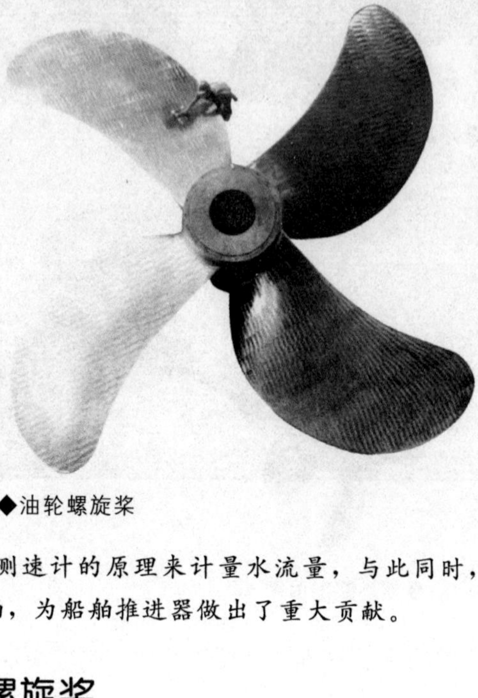
◆油轮螺旋桨

古代的车轮，即欧洲所谓的“桨轮”，配合蒸汽机，将原来桨轮的一列直叶板斜装于一个转毂上，构成了螺旋桨的雏形；古代的风车，随风转动可以输出扭矩，反之，在水中，输入扭矩转动风车，水中风车就有可能推动船运动；在当时，已经使用了好几个世纪的阿基米德螺旋泵，它能在水平或垂直方向提水，螺旋式结构能打水这一事实，作为推进器是重要的启迪。伟大的英国科学家虎克在1683年成功地采用了风力测速计的原理来计量水流量，与此同时，他提出了新的推进器——推进船舶，为船舶推进器做出了重大贡献。

螺旋桨

1836年，造船工程师史密斯在英国的“阿基米德”号试验螺旋推进器，他利用一个长得像螺丝钉的螺旋推进器，在实验过程中由于水中的障碍物碰断了螺杆，不料船的速度却突然加快了。在几位工程师的共同努力下，他们制作出了世界上第一个螺旋桨。1752年，瑞士物理学家伯努利第一次提出了螺旋桨比在它以前存在的各种推进器优越的报告，他设计了具有双导程螺旋的推进器，安装在船尾舵的前方。1843年，英国海军在“雷特勒”号舰上，第一次以螺旋桨代替明轮。1843年，美国海军建造了第一

◆阿基米德螺旋

艘螺旋桨船“浦林西登”号，它是由舰长爱列松设计，在爱列松的积极推广下，美国相续建造了41艘民用螺旋桨船，最大的排水量达2000吨。在科学技术发展过程中，许多机械装置的性能在人们还不太清楚的时候，就已经广泛使用了，但是人们在不完全理解它的物理规律

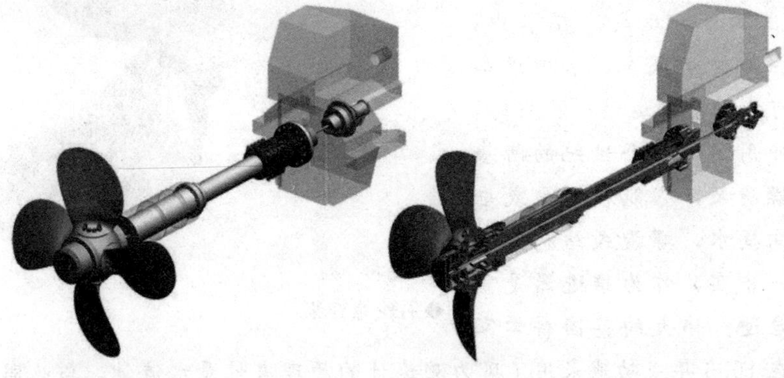
◆螺旋桨剖面图

和没有完整的理论分析以前，这些装置很难达到它的最佳性能。螺旋桨也不例外，直到1860年，虽然它在海船上已经成为一枝独秀，但是它的成就全都是依靠多年积累的经验。螺旋桨的进步，只依靠专家们的直观推理，已经不能满足船舶技术的发展需要，它有待科学家们对其流体动力特性做出完整的解释，这就促使螺旋桨理论的发展。在明轮和螺旋桨的比较中，由于螺旋桨的推进效率接近明轮，而且它具有许多明轮无法竞争的优点，使得明轮逐步在海船上消失。

小知识

为解决用尼罗河水灌溉土地的难题，阿基米德发明了圆筒状的螺旋扬水器，后人称它为“阿基米德螺旋”。这一原理在螺旋桨中也得到充分地利用。

轶闻趣事——竹蜻蜓

◆竹蜻蜓

竹蜻蜓是我国古代一大发明，在1400多年前就有了竹蜻蜓玩具。它用竹片削成，叶片像螺旋桨，中间插一根竹竿，用力一搓竹竿，叶片就会升起来，远看像一只蜻蜓。早在公元17世纪，中国苏州巧匠徐正明，就整天琢磨小孩玩的竹蜻蜓，想制造一个类似蜻蜓的直升机，并且想把人也带上天空。经过十多年的钻研，他造出了一架直升机。它有一个像竹蜻蜓一样的螺旋桨，驾驶座像一把圈椅，依靠脚踏板通过转动机构来带动螺旋桨转动，试飞的时候，它居然飞离地面一尺多高，还飞过一条小河沟，然后落下来。在明朝时期，竹蜻蜓传到法国，并且在法国科学院进行了表演，由于竹蜻蜓的叶片像陀螺一样高速旋转，所以当时称它为“中国陀螺”。20世纪30年代，德国人根据“中国陀螺”的形状和原理发明了直升机上天的螺旋桨。

关刀桨

我国曾经出现过辉煌的造船业，但在清朝闭关锁国之后，紧接着就是半殖民地半封建社会，使得航海事业严重落后。一直到新中国成立后，我国造船事业得到新发展，对螺旋桨技术也进行了大量设计、研究工作，为各类舰船配上了大量我国设计制造的螺旋桨。其中最值得骄傲的是“关刀

◆关刀桨

桨”的问世。大约在60年代的时候，广州有一位造船师傅，名叫周挺，他将螺旋桨的桨叶做成青龙偃月刀的式样，并称之为“关刀桨”。这是一个创造性的发明。“关刀桨”曾在一些船上试验航行，不仅提高了船的航速，更神奇的是螺旋的振动却大大地减弱了。在当时的长江2000马力拖轮和华字登陆艇上使用，都取得了良好的效果，这一成就，吸引了许多造船界人士。1973年，在上海首先做了“关刀桨”敞水试验研究，还提供了设计图谱，而世界著名造船国家开发的“大侧斜”螺旋桨，在形状上也与我国的“关刀桨”类似。

点击

当螺旋桨旋转时，桨叶不断把大量的水向后推去，在桨叶上产生向前的力，这个力与船舶前进方向的分力构成拉力，称之为船舶推进力。

拓展思考

1. 你玩过竹蜻蜓吗？你觉得竹蜻蜓和螺旋桨之间有什么类似的地方吗？
2. 中国古代的橹和螺旋桨有没有什么类似的地方呢？
3. 明轮为什么比螺旋桨差呢？
4. 螺旋桨在空气中能用吗？

船舶常用工具——锚和绳索

◆郑和纪念馆陈列的大铁锚

锚的作用就是能够使船在海上停泊。古代的锚有些是用木材制作，主要是钩状，放入水中，当船在水面上水平运动的时候，船锚便能紧紧抓住泥土，使船停止，当要收锚的时候，钩状呈现竖直状，便能收起。而大帆船的出现，使得人们需要找寻更大更坚固的船锚，铁锚便因而产生。随着科技发展，现代的船锚也越来越大型，而且分为各种类别，形状也稍有区别，材料更为坚固，抗腐蚀。在从古代到现代的进化过程中，锚始终都是航海必需的一项工具，它的作用不可忽视。

锚

◆斯达托锚

锚是一种钢铁制的停船器具，用铁链连在船上，抛到水底，可以使船停稳，主要是用在船舶停止的时候，现代汽车中也用抛锚来表示汽车停止。在中国古代小说《警世通言·俞伯牙摔琴谢知音》中对于停船有这样的描述："吩咐水手，将船湾泊，水底抛锚，崖边钉橛。"这表示中国古代便已经有锚这种工具了。船锚主

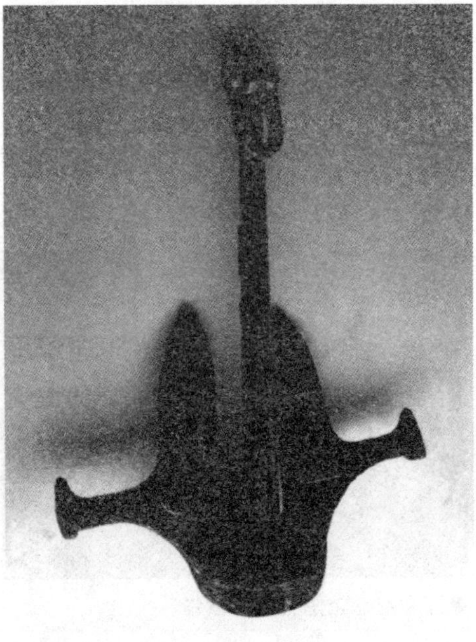

◆斯贝克锚

要由锚冠、销轴、锚爪、锚柄、锚杆（也叫横杆或稳定杆）及锚卸扣等组成。锚的种类很多，大致分为有杆锚、无杆锚、大爪力锚及特种锚四大类型，十多种锚。具有横杆的锚为有杆锚，该类锚能够使一个锚爪啮入土中，当锚在海底拖曳时，横杆能阻止锚爪倾翻，起稳定作用；没有横杆，锚爪可以转动的两爪锚为无杆锚；大抓力锚实际上是一种有杆转爪锚，因其具有很大的抓重比，故称为大抓力锚，其特点是锚爪的啮土面积大，抓持的底质深而多，抓力特大，但是锚爪易拉坏，收藏不方便。另外还有破冰船上所用的冰锚及帆船和小艇上用的浮锚等。

讲解——船舶如何抛锚？

船舶抛锚停泊是常用的停泊方法。根据不同的水域、气象条件和作业要求，锚的抛投方法也有所不同，常用的方式有首抛锚、尾抛锚及首尾抛锚。船首抛锚时，船体所受的风力、水流力及浪波冲击力等外力最小，所以这种方式是抛锚停泊的主要方式，也是主锚布置在船首的主要原因。一般很小的船上和渔船上只配一个首锚。

◆船上的铁锚

除此之外，任何船舶上都在船首配两个主首锚。当船长达一定程度时，船上还应另设一个备用主锚，也称为抗风锚。船尾抛锚多用于内河船和登陆船艇。当内河船向下游顺水航行停泊时，为保障安全和避免调头，常采用船尾抛锚。在登陆舰艇退滩作业中，在主机的配合下，依靠锚机的拉力将搁滩的舰艇拉下滩头。若想使停泊的船舶总是以船舷对着风向时，就采用首尾抛锚方式。首尾抛锚的方法，一般是将主锚从顶风方向抛出，从船尾把一根缆索绕过船舷外边与已抛出的主锚链联结，然后再放出一些主锚链即可；另一种方法是，在首部主锚抛出后，再从尾部抛出尾锚。尾锚一般比主锚小，约为主锚的1/3，通常用小艇运出抛下。

绳索

在原始社会，人类主要用树枝和藤蔓来编织绳子，到了公元前2800年，中国开始使用大麻做纤维。随着公元前2世纪地中海东部海运事业的发展，特别是帆船的大量出现，使得粗绳的需要越来越大。当时的制绳主要采用天然纤维作材料，包括棉、麻、亚麻、黄麻、剑麻、马尼拉麻、稻草、丝、羊毛和其他毛发。传统的制绳技术主要靠匠人手工制作，有人专门生产象绳，还有专门生产马绳。制绳过程主要是将纤维经过整理、纺织成纱线，再把多根纱线扭在一起成一股，多股再扭合后成绳。其中单根纱线和单股，单股和绳子的扭结方向都是两两相反，以便结合紧密。扭绳的两端必须分别固定，否则原来的扭结会散掉。为了保护扭结，扭绳摆放的时候一般是盘起来。直到工业革命开始时，制绳技术才像许多手工业一样开始发生变革，随着合

◆缩小版制绳机

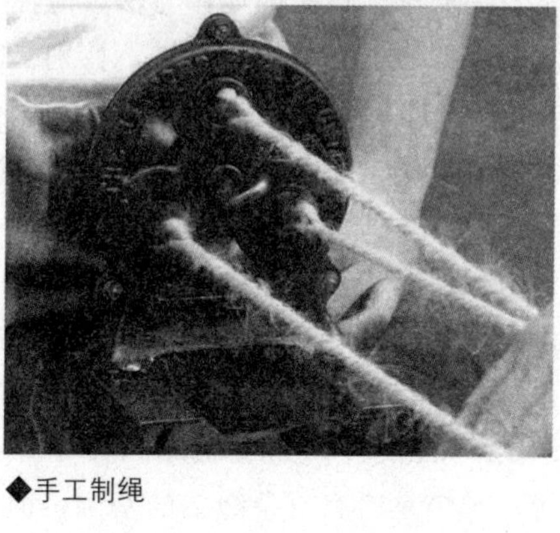

◆手工制绳

成纤维的采用，用来制绳的合成纤维则有聚丙烯、尼龙、聚酯、聚乙烯、人造丝等。这些人造材料具有许多实用优点，制作出的绳索强度大，而且对由霉菌引起的变质和腐蚀具有很强的耐受性，与传统的粗绳相比，这些人工材料所制作出的绳索质量更好而且轻，既可降低贮存的费用，又便于使用。据测定，合成纤维的寿命约为天然纤维的 3～4 倍。

结绳术

结绳术，即结绳的方法，是祖先留给我们的一笔丰富遗产。古代人曾经以结绳记述事件，到了现代总结出的结绳方法多种多样，说有百种，其实又何止百种。如今，尼龙绳、塑胶绳已十分普遍，无论从耐力度上还是品质上，都有很大进步，携带也方便。如果在野外，必要时也可以用藤、柳树枝、茅草等拧成绳，但一定要注意使用安全。要选择品质好的绳索，还要学会正确的使用方法，应注意避免在地上拖、拽、踩踏，特别是在碎石地上；避免与汽油、酒精等化学物质接触；避免靠近火源；不能超过绳子的负荷。此外尼龙等材料的绳索再生能力比较差，出现问题应及时停止使用。单结在绳结中历史最长，也是最简单的一种结法。在西方，单结的叫法很多，如交腕结、拇指结等。单结是所有复杂绳结的基础，但是单结的缺点是很容易松开，因此多配合其他结绳方式使用。在单结的基础

◆单结

◆八字结

上再捻一圈就变成了双单结，并不一定比单结牢固，绳结也大。同样在单结的基础上多捻几圈可以变成多单结。八字结是在单结的基础上变化来的，尽管只是进了一小步，但是由于不像单结那样夹挤造成绳子损坏，易结易解，而且牢固可靠，因此用途比单结要广得多，许多单结都可以用八字结代替。由于八字结的结型对称，在西方又被称作完整结，在绳端固定或止索、防滑，多用此绳结。由八字结演变出来的绳结有很多种，在八字结的基础上再多绕半圈就变成了搬运工结，双股八字结可以作为绳子一端固定或两根绳子连接的绳结。

小贴士——水手结

◆各种水手结

早期的水手们会在他们的咽喉处用领巾打一个象征好运的水手结，今天我们穿西装打领带时系的结，就是这个结。水手结已有千年以上的历史，有百种以上的打法，作为船员、水手如果不会打水手结，那是绝对不可以的。水手们每天都要用到水手结，不同的结有不同的打法，不同的用处，要求非常严格。打结的绳子细的如同小拇指，粗的有碗口般粗，在外行看来这是神秘和不可思议的。水手结的特点就是专业、牢固、易解，船舶在航行时无论怎样晃动，都不会松动，只能越来越结实，绳子断了，结也不会开的。水手结主要有布林结、织布结、共同结、套结、双布林结、坐下结、简单通过结、8 字环结、活结、防脱结、卷结、双套结等形式。

拓展思考

1. 观察你身边的事物，请你思考停船的工具主要是什么？
2. 想想当船舶靠岸的时候是用什么停船的呢？
3. 观察你身边的绳索，你觉得它们是用什么材料做的？
4. 你会几种打结的方法呢？

六分之一的地球——六分仪

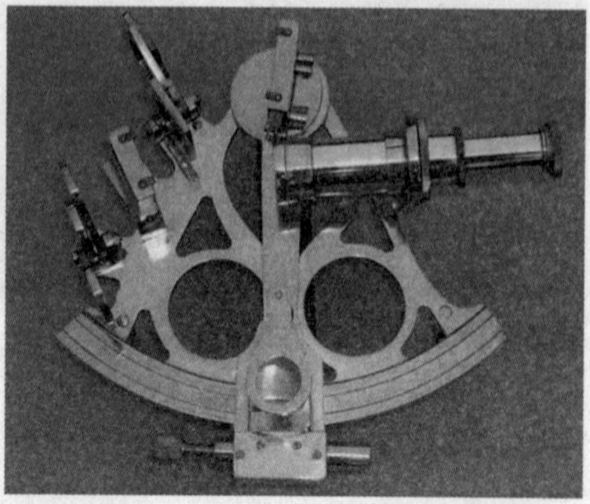
◆六分仪

因为轮船对于观测的精确度要求更高，同时人们也发现在大海深处的气象、地文等各种条件更为恶劣和不可预测，这就要求航海者对于航线和船的定位也要更加精确。六分仪就在这样的条件下产生，它是通过光的反射制造的，设备构造比较简单，而且实用，在任何时候，手握着六分仪就能比较精确地定位，所以即使在现代科技发展到非常发达，大部分的航海者还是会携带着六分仪，以确保在任何意外的情况下能够不受任何条件的约束进行准确定位，可想而知六分仪在航海中的重要性。

六分仪的由来

◆用六分仪观测

六分仪是用来测量远方两个目标之间夹角的光学仪器。通常用它测量某一时刻太阳或其他天体与海平线或地平线的夹角，以便迅速得知海船或飞机所在位置的经纬度。六分仪的原理是牛顿首先提出的。它具有扇状外形，其组成部分包括一架小望远镜，一个半透明半反射的固定平面镜即地平镜，一个与指

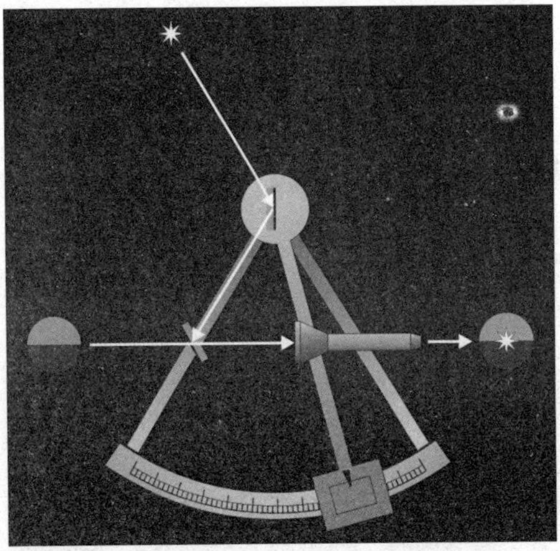
◆六分仪工作原理图

标相连的活动反射镜即指标镜。六分仪的刻度弧为圆周的1/6。使用时，观测者手持六分仪，转动指标镜，使在视场里同时出现的天体与海平线重合，根据指标镜的转角可以读出天体的高度角。六分仪的优点是轻便，可以在摆动着的物体如船舶上观测；缺点是阴雨天不能使用。20 世纪 40 年代以后，虽然出现了各种无线电定位法，但六分仪仍在广泛应用。

小贴士——八分仪

1730 年美国人戈弗雷和英国人哈德利独自分别发明了八分仪。两人都把设计方案提交英国皇家学会，后者于 1734 年又提交了一个改进方案，得到普遍采用。哈德利研制成功一种反射望远镜，接着又制作了一种在海上测量角度的仪器。观察者可通过一面镜子同时看见地平线，它们之间的角度可用边缘标有刻度的象限仪测出，测角范围可达 90°，这样就把简单的象限仪所测量的高度增加了一倍，成为一种测纬度的理想仪器。该仪器的另一优点是它

◆八分仪

能使星辰天体的形象与地平线成一条直线，而且所测读数更为精确。由于它准确、价格便宜、使用方便，极受航海人员欢迎，直到20世纪仍然作为测量天体高度确定纬度的方法。1732年，英国海军部把八分仪放在一只小艇中做试验，结果非常精确。可是八分仪的90°标度用作测量月球与天体的角距，事实证明是非常不够的，故约翰在18世纪50年代制作了一个完整的圆圈，其测量范围可达360°，测量效果好，但很笨重，在海上使用极为不便。于是反射圈与八分仪之间采取折中方案，1757年，坎贝尔船长以八分仪为模子，把测量范围扩大到120°，这就是六分仪。

历史趣闻

六分仪座

六分仪座是17世纪由约翰·赫维留创立的一个南天小星座。最亮的星（六分仪座α）视星等4.49。它包含好几对双星系统：六分仪座αγ，六分仪座35和六分仪座40，另外还有几个变星，代表着赫维留经常用的测量仪器“六分仪”。

中国古代的六分仪——纪限仪

◆纪限仪

纪限仪又称距度仪，是专门用来测量天空中任意两颗星星之间距离的古仪，其基本观测方法是测量以两颗待测星到观测者的两条视线所张的角度。在天文学上，这一角度叫作“天体角距离”。它是清朝制造的八件大型铜铸天文仪器之一。北京古观象台上的纪限仪是中国第一台在观象台上使用的纪限仪，由比利时传教士南怀仁根据丹麦天文学家第谷的设计，参照明代仪器于清康熙十二年铸造，重802公斤。1900年八国联军入侵北京，纪限仪以及另外四件北京古

◆近看纪限仪

◆纪限仪

观象台上的天文仪器被德军作为战利品掠走，拆散装船运往德国。在德皇威廉二世要求下被安放在皇家花园的橙园中的草坪上。一战后根据巴黎和会规定，德国将纪限仪等五件仪器归还中国，修复后在古观象台上展出。纪限仪的使用丰富了中国古代天文观测的内容。

纪限仪的主要部件是一段60度的弧面，弧面半径约2米，宽约0.08米，在弧面内饰有精细的对称型花纹，以弧边中央点为零度，向左右两边各刻30度，既有装饰的效果，又有保持平衡的作用，使整架仪器的重心正好位于立轴上，仪面可绕立轴任意旋转。从零度点到弧面顶点预设一根铜竿，整个弧面固定在铜竿上，并能上下左右转动。铜竿后面的圆柱与铜竿上的横轴相连，稳稳地插入一米高的游龙底座内。在铜竿的上端还有一根横轴，挂有窥尺和游表，贴附在弧面上。实际观测时，先把全仪旋转，使主干向着待测两星，然后用滑车移动主干的高低对准两星的中间，再由手轮将弧面与两颗待测星移动到同一平面上，一人用挂于仪面顶端横轴上的窥衡对准一颗待测星，另一人用弧环上的游表对准另一颗待测星。这样，窥衡和游表两者所指出的弧边刻度差，就是这两颗待测星之间的角距离。若测得两星距离太近，一星以横轴为准测量，另一星用小柱测量，读数之差再减去十度就是两星的角距。

拓展思考

1. 你了解光的反射吗？
2. 六分仪是利用什么原理制成的呢？
3. 八分仪和六分仪之间有什么区别呢？
4. 你能说说纪象仪对中国天文学发展的贡献是什么吗？

人为的天罚——海上意外事故

◆船难

海难，即指海上的船舶遭受意外事故，这其中包括台风、海雾等天灾造成的，也包括人为的错误驾驶、火灾、触礁、搁浅、船舶动力系统或其他装置的损坏而造成的意外等。不管是什么意外造成的海难，都会对船上的人员和物品造成巨大损坏。海洋上的航行都尽量要求严格，以避免出现各种意外事故，如果出现了就需要及时通报，引起所有人注意，以避免出现紧急事故，同时船员将进入警戒状态，以防止更为恶劣的事故发生。例如1912年4月14日，世界上著名的“永不沉没的船”——“泰坦尼克”号撞上冰山，沉没了。“泰坦尼克”号是人类的美好梦想达到顶峰时的产物，反映了人类掌握世界的强大自信心。她的沉没，向人类展示了大自然的神秘力量，以及命运的不可预测。

船舶火灾

船舶火灾主要分为明火、电气和意外三种。其中明火火灾容易发生在船舶维修施工现场、厨房和人员休息室，由于这些地方的工作人员的失误容易导致起火。另外电气火灾是由于各种船舶在机舱内都有主机、副机等多种用电设备，各种用电设备之间由电线、管路相连接，由于过载、短路、接触不良、电弧火花、漏电、雷电或静电等原因易产生火源引发火灾。意外火灾则是由于自然环境所引起的火灾，比如雷击等。船舶上有许多易燃的物品，当船舶起火之后，如果是在机舱位置，由于那里放有大量的燃料油，火势会迅速蔓延整个机舱，温度急剧上升，燃料油不完全燃烧会产生大量毒气、烟雾。由于高温使得大量燃料油挥发，油蒸汽将充斥整个机舱，部分油气会由门缝向外扩散，形成更大的危险。当挥发的油蒸汽达到某一特定值时，就会产生蒸汽爆炸，这很容易使得船员和灭火的战斗员伤亡。而船舶内部所有的通道都比较狭窄，如果发生火灾，由于人员的恐慌，会造成严重的通路不畅，群死群伤问题将会比较突出。而机舱内部温度高、浓烟大、毒性很强，侦察员和战斗员难以深入，给侦察与灭火救援带来许多困难，使得船舶火灾造成更大的伤害。

◆油船起火

◆海上紧急救援

小知识

可燃物在空气或氧气中燃烧，必须要达到该物质着火燃烧所需要的最低温度，这个最低温度叫作该物质的着火点。不同的物质，着火点不同。

小贴士——“江亚轮海难”

世界海难史上，丧生人数最多的是1948年中国客轮“江亚轮”海难，死亡

◆“江亚轮”海难

人数超过 3000，经济损失最大。1948 年 12 月的上海十六铺码头，异乎寻常地繁乱、嘈杂，战争的谣言如蝗虫般四处蔓延，上海滩人心惶惶。众多宁波籍的上海人纷纷抢购船票，怀揣金银细软，涌向十六铺。按照当时的交通部航政局规定，“江亚轮”额定的最大载容量为 2250 人，但是那天船上的总人数高达 4000 以上，超过正常客位数的 3 倍还多。当“江亚轮”晃晃悠悠驶近横沙西南的里铜沙时，毫无征兆的发生了爆炸。爆炸发生在船体后部，船尾迅速下沉，船舱也很快进水，铁门将船舱紧紧锁死，加之天黑，竟无人去解开救生艇的缆绳，事后仅捞起 1336 具尸体。直到新中国成立以后，原招商局经理胡时渊，于多年沉默之后，突然吐口，说 1948 年 12 月，国民党上海海军航空兵的轰炸机飞往海州执行任务后，在吴淞口外上空，机上悬挂的一枚重磅炸弹脱钩坠海，才导致整件惨案的发生。

船舶搁浅

◆海船搁浅

船舶搁浅事故是指船舶搁置在浅滩上，造成停航或者损害的事故。由于船长、驾驶员、引水员或其他船员的航行疏忽或者风浪、流的影响把船推向海岸，在有限的水域中为避免与他船发生碰撞等，这些原因都会造成船舶搁浅。在许多情况下，船舶搁浅之后处于极其不稳定的状态。因此，船舶搁浅后，首先要保持镇静，稳定船员的情绪，船长应想方设法尽快调查清楚船舶搁浅位置及周围的地理环境，具体调查项目为船舶搁浅状况、船舶搁浅受损状况、船舶搁浅位置地形地貌和气象状况。为了能够尽快从危险中脱离，当有希望自行脱浅时，船长应果断采取必要的应急措施，利用潮高及海浪推力的有利条件，借助大自然的外力和自行操作的方法自行脱浅，如使用主机和操舵装置；使用锚设备；采用移货、调整油水舱及压载水。当利用移货、调整油水舱及压载水时应认真核算船舶吃水差、稳性及强度。当海浪冲击甲板上浪时，应关闭所有甲板开口处通往船舶货舱、机舱及生活区的水密门、窗、道门、通道、通风设备、空气管等，防止进水，保持水密。无法关闭的甲板开口处应用木塞子垫帆布堵住，进水的部分舱室应启动泵往外排水。当在搁浅船舶的处境由于气象海况的影响正在逐步恶化，破损程度将会延伸扩展的情况下，必须迅速采取措施固定船位，利用锚设备，使用钢丝绳、缆绳，压进压载水增加载重量。

◆海船碰撞

轶闻趣事——船舶神秘失踪

航海中船舶神秘失踪事件时有发生，例如公元 1886 年澳大利亚有一艘叫作“格兰特将军”号接近新西兰奥克兰岛的时候，无意之中被卷入了一个在石壁上的大海洞中。船员惊慌失措，当黎明的曙光出现的时候，船员们发现“格兰特将军”号正在大海洞的洞口里边，于是，船长命令放下救生船，旅客们相继逃到大海洞的外面。但是大海无情的海浪一下子将

◆奥克兰岛海域

船打了一个窟窿，最后只有一个叫大卫·阿斯提斯的旅客和两个水手得救。“格兰特将军”号沉船的消息很快传播开来。那些沉入海底的黄金吸引了好多敢于冒险的人，他们组成一个个探险队，怀着发财的梦想，陆陆续续朝着奥克兰群岛而来。可是，他们根本就没有发现什么“格兰特将军”号，甚至连传说中的大海洞也没有看见。另外世界上还有著名的“魔海龙三角”，据报道有许多的船舶在这里神秘失踪。

拓展思考

1. 注意观察电视新闻等媒体资料，看看有哪里发生过海难。
2. 造成海上意外事故的原因有几种？
3. 你有想过发生海上意外事故之后要做什么吗？
4. 你能说说如何避免船舶发生碰撞吗？

危难中的一线生机——海上救生

在茫茫大海上，如果海船发生意外，船上的人员就要寻求生路。大海中没有淡水，没有食物，而且如果一直处于海水之中会随着海水不知漂流到哪里，再加上海洋中的各种危机，如果没有一定的救生设备，是非常危险的。每一艘海船上都会配备有救生筏，救生圈等，还有预备的食物和淡水，可以提供给船员在海船意外之后能够继续存活，当然最为重要的是发出求救信号。海难是最严重的危机之一，每次都会死伤数目巨大，而避免造成这种情况就是在航海中要注意配备救生设备，及时通知乘客关于海船的运行情况，及时准备任何危机的出现。

◆海上救生

救生筏

救生筏是目前船舶上重要的救生设备之一，其具有存放体积小、重量轻、投放迅速、稳性好、防浪、抗寒等一系列其他救生设施无法比拟的优点，故其被广泛地用于各种类型的船舶。它是船舶配备用于紧急情况下脱离危险区域或从遇难船舶紧急撤离的救生设施和装备，也可作为抗洪防灾专用装备。救生筏是用人工合成材料

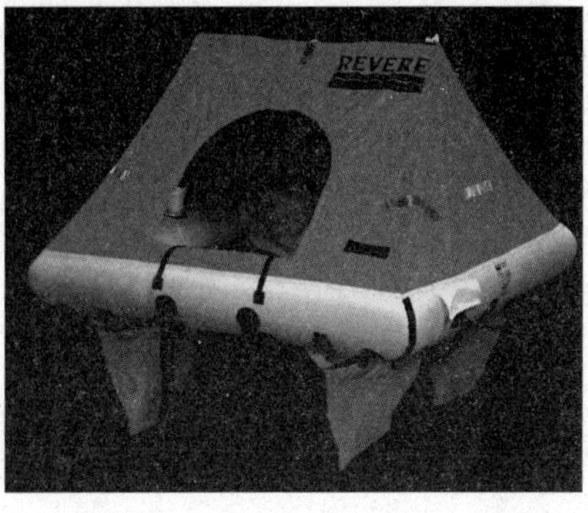

◆救生筏

◆救生船

的现代筏船，包括金属管、复合管、塑料管、合成树脂或玻璃纤维管等材料。救生筏船首部设有艏缆，其在救生筏与固定物之间起连接作用。救生筏在载足额定乘员和全部属具后要保持正常的漂浮状态。救生筏的管腔浮胎应至少分隔成两个独立气室，浮胎的设置应能在任一气室受到损坏时，救生筏仍能正常使用。救生筏船总重量不应超过185公斤，外观应匀称，色泽均匀，不得有开胶、离层、气泡等影响使用的缺陷，能在－10～＋65℃环境温度下存放而不致损坏，并能在－1～＋30℃水温度范围内使用。救生筏平时包装存放在玻璃钢存放筒内或安装在船舷专用筏架上，当需要使用的时候可将筏直接抛入水中，它既可自动充胀成形，供遇险人员乘坐，如果船舶下沉太快，来不及将筏抛入水中，当船舶沉到水下一定深度时，救生筏架上的静水压力释放器会自动脱钩，释放出救生筏。

轶闻趣事——“海上救生员”

1959年夏天，“里奥·阿泰罗”号客轮在加勒比海因爆炸失事，许多乘客都在汹涌的海水中挣扎。不料祸不单行，大群鲨鱼云集周围，眼看众人就要葬身鱼腹了，在这千钧一发之际，成群的海豚犹如“天兵神将”突然出现，向贪婪的鲨鱼猛扑过去，赶走了那些海中恶魔，使遇难的乘客转危为安。人们认为海豚是一种救苦救难的动物，当人类在水中发生危难时，往往会得到它的帮助。海豚也因此得到了一个“海上救生员”的美名，许多国家都颁布了保护海豚的法规。有人曾做过许多试验，结果表明，海豚对于面前漂过的任何物体，不论是死海龟、旧气垫，还是救生圈、厚木板，都会做同样的事情。据此，海洋动物学家认为，海豚救人的美德，来源于海豚对其子女的“照料天性”。于是海豚的固有行为与激动人心的“救人”现象正好不谋而合。

◆海豚

救生衣

救生衣又称救生背心，是一种救护生命的服装，设计类似背心，采用尼龙面料或氯丁橡胶、浮力材料或可充气的材料、反光材料等制作而成。救生衣中鲜艳的颜色或者带有荧光成分的颜色，会刺激我们的视神经，可能和这种色彩的波长有关，是人的眼睛很容易接受且不易被其他颜色混淆的，这样就会比较显眼。所以穿着救生衣万一出了事故，就很容易被人发现，可以尽快地实施救援。一般救生衣的使用年限为5～7年，穿在身上具有足够浮力，使落水者头部能露出水面。船用救生衣，以及船用儿童救生衣比较适合远洋沿海及内河各类人员救生使用，其中制作上有着严格的要求，它是用聚乙烯泡沫塑料作为制作材料，在水中浸泡24小时后，救生衣浮力损失应小于5%。另外还有船用工作救生衣，适合沿海及内河各类人员工作使用。平时人们一般使用的

◆儿童救生衣

是休闲救生衣，也有的称水上运动救生衣，面料多用氯丁橡胶复合材料，多种样色搭配，时尚美观，主要适用于水上游玩、学习游泳、漂流、垂钓等，起救生防护作用。

广角镜——救生口粮

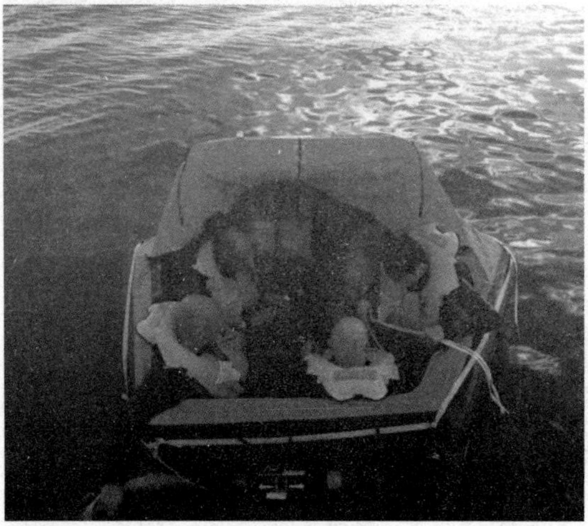

◆漂流在海上

当海上意外事故发生的时候，人们可以用救生艇临时逃过一劫，但不得不将在海上漂流一段很长的时间，如果没有食物，人也会活活饿死。所以日本给海上自卫队军舰所配备的充气式救生艇里，就为队员装备有“协和 7 型救生口粮”。该口粮包装盒上的字母是清一色的橘红色。由于由聚乙烯塑料所制，包装盒比较结实，红色的盒盖用了胶条密封，能很好地防水。在每个包装盒中装着 9 块压缩干粮，盒盖部分 3 块，盒体部分 6 块。每顿一块就可填抱肚子，5 年内不用担心变质。打开盒盖会掉下两个铝箔纸小包，分别装有英、日文纸条，上面用粗笔很醒目地写道：“请不要放弃希望，我们随时从海上和空中营救您！”下面还有备注：“第一，漂流开始后 24 小时内，请暂时不要进食；第二，本救生口粮根据上级指示，一日合理分配食用；第三，空盒的颜色非常鲜艳，可用作您遇难后营救人员的搜索目标。请最好用英、日两种文字填写与您联系的卡片，如船名、日期、姓名、遗言等内容，将联系卡片放在空盒里，用胶带封好盒口，扔到大海里随海水漂流。”

救生圈

救生圈是指水上救生设备的一种，通常由软木、泡沫塑料或其他比重较小的轻型材料制成，外面包上帆布、塑料等。供游泳练习使用的救生圈

◆救生圈

也可以用橡胶制成，内充空气，也叫作橡皮圈。救生圈外表颜色应为橙红色，且无色差。救生圈表面应无凹凸、无开裂。沿救生圈周长四个相等间距位置，应环绕贴有50毫米宽度的逆向反光带。救生圈外径应不大于800毫米，内径应不小于400毫米。救生圈外围应装有直径不小于9.5毫米、长度不小于救生圈外径四倍的可浮把手索。此索应紧固在圈体周边四个等距位置上，并形成四个等长的索环。救生圈重量应大于2.5公斤。配有自发烟雾信号和自亮浮灯所附速抛装置的救生圈，重量应大于4公斤。不是救生圈，千万不能作为救生用具使用。游泳圈与救生圈执行的国家标准是不一样的，救生圈起救生作用，它具有很多附属功能；而游泳圈被定义为水上玩具，执行的只是玩具标准。因此，与真正的救生圈相比，玩具游泳圈容易破损漏气，抗压能力很差，极易爆裂，塑料表面遇水湿滑，较难抓握，只能在水上休闲运动中起到一定的辅助或保护作用，如果带到深水区则具有危险性。

SOS

船舶在浩瀚的大洋中航行，由于浓雾、风暴、冰山、暗礁、机器失灵、与其他船只相撞等等，往往会发生意外事故。当死神向人们逼近时，“SOS”的遇难信号便飞向海空，传往四面八方。一收到遇难信号，附近船只便急速驶往出事地点，搭救遇难者。许多人都认为“SOS”是三个英文词的缩写，但究竟是哪三个英文词呢？其实，SOS是国际摩尔斯电码救难

◆海难求救信号

信号，并非任何单词的缩写。SOS 另有一种表现方法为 191519。19、15、19 分别为 S、O、S 在 26 个英文字母中的顺序。这样做的原因是 SOS 求救信号广为人知，当在极端被动的情况之下 SOS 会暴露受难者求救的信息，所以 191519 是另一种隐晦的传递和表达求救讯息的符号。1909 年 8 月，美国轮船“阿拉普豪伊”号由于尾轴破裂，无法航行，就向邻近海岸和过往船只拍发了 SOS 信号，这是第一次使用这个信号。直到 1912 年 4 月“泰坦尼克”号沉船事件之后，SOS 才得到广泛使用。另外还有一个最重要的原因，SOS 这三个字母无论是从上面看还是倒过来看都是 SOS，当遭遇海难，需要在孤岛上摆上大大的“SOS”等待救援的时候，头顶上路过的飞机无论从哪个方向飞来都能立刻辨认出来。

拓展思考

1. 注意观察你身边的事物，哪些与海上救生有关？你能列举出几种呢？
2. 救生圈和游泳圈有什么区别吗？
3. 你能够用摩尔斯电码发出 SOS 信号吗？
4. 你能说说如果你被困在海上你会怎么做吗？

无声的语言——旗语

◆旗语

旗语是世界各国海军通用的语言。不同的旗子、不同的旗组表达着不同的意思，但对于专业人员来说，却是一种公开的秘密。对于航海者来说，在海面上尽情呐喊，海上的风也会把语音吹的无声无息，所以当船与船相遇的时候就出现了用有颜色的旗帜来代替语言，因为风无法把光线吹散。这种语言通过水手拿出不同颜色的旗帜或者摆出不同的姿势，来表达简单的意思，与其他船只上的水手沟通。

旗语不仅仅能够解决船与船之间的沟通，同样也可以促使船与船之间的合作。例如郑和下西洋的时候，整个船队非常庞大，在船与船之间要保持一定的队形，就需要及时传递信息，以使得船只之间不会相互碰撞。在现代技术发达的今天，如果遇到会影响通信技术的天气，同样也要使用旗语，以免发生意外。所以对于航海者来说，旗语是在航海过程中不可缺少的一项工具。

满旗

旗语是航海中的一项重要交流工具，所以挂旗语的方式以及时间、顺序都有着严格的规定。一般是在迎接党和国家、政府、军队领导人，迎接外国元首，重大节日，迎接外国军舰来访，出访编队离码头前，到达被访问国港口和在国外停泊时等等，都需要挂满旗。满旗悬挂于两桅横桁之间，并分别连接到舰首、尾旗杆，两桅顶各挂国旗一面，舰首、舰尾旗杆各挂海军旗一面。驱逐舰挂满旗，一般挂 2 号旗，约挂 67 面。这要根据舰艇的实际长度和前后桅杆的距离来定。单桅舰艇则由桅杆横桁连接到舰首、舰尾旗杆，桅顶挂国旗一面。信号旗有五种规格，分别为 1 号、2 号、3 号、4 号、5 号，其中 1 号最大，5 号最小。一套信号旗有 46 面，其中有 26 面字母旗、10 面数字旗、4 面方向旗、3 面代旗、1 面执行旗、1 面答应旗、1 面国际答应旗。数字旗为三角形旗，字母旗中有方形旗和燕尾旗，答应旗与国际答应旗为梯形旗等。满旗的排列是两方一尖，方旗是指长方形的旗子，尖旗是指三角

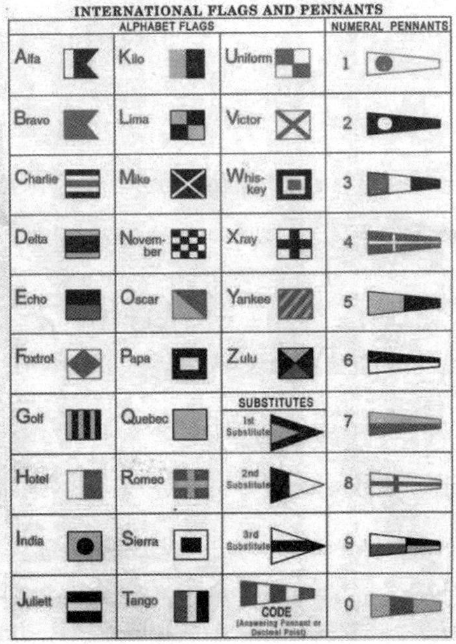

◆信号旗

◆满旗

◆军舰上挂着的信号旗

形旗子。燕尾旗可作方旗用，梯形旗也叫长旒旗，可作尖旗用。为挂满旗方便，在从舰首旗杆顶到主桅顶、从主桅顶到后桅顶、从后桅顶到舰尾旗杆顶，设有 3 根细钢丝。例如当某舰艇编队抵达被访国，第一根缆系到缆柱上时，信号兵迅速用电动滑轮将满旗顺着细钢丝徐徐升起。悬挂满旗有一些特殊的要求：不得悬挂与各国国旗图案相同的通信旗，也不得悬挂用于表示战斗、防核化、防空袭的单旗。满旗中的单独一面，不表示什么意义。我国的出访舰艇编队到达被访国时，被访国的海军舰艇一般要悬挂满旗表示欢迎，其排列顺序与我国相同，不同的是外军的满旗比我们的满旗小一个或两个号。我国出访舰艇离码头前，送行的部队、驻地政府官员、被访国驻华使节、海军首长或舰队首长要在码头举行隆重的送行仪式，停泊在码头的所有舰艇都要悬挂满旗。

代满旗

◆海军旗

出访编队离码头前 30 分钟，为了离码头方便，一般要降下满旗，改挂代满旗，出港后降下。代满旗就是在两桅顶上挂 1 号国旗，舰首、舰尾桅杆上挂海军旗。在规定挂满旗时，如果大雨、大风，也可以改挂代满旗。编队离码头时，方形黄色的“Q”旗挂到一半，

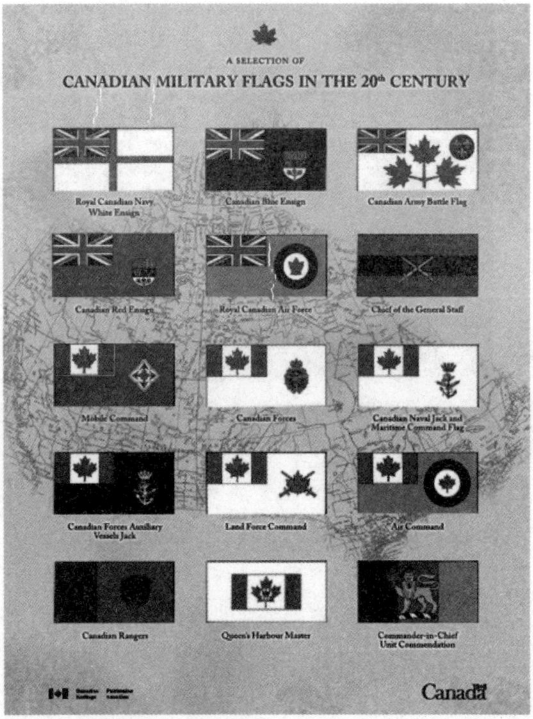

◆海军旗图样

表示编队统一离码头；“Q”旗挂到桅顶，表示开始编队离码头；“Q”旗降下，表示离码头完毕。离码头的标志是解掉最后一根缆。我国112舰访问巴基斯坦时，受到了超规格的接待。当112舰进入巴领海线时，巴派出两艘护卫舰和一艘导弹艇分别悬挂代满旗前来迎接，两艘护卫舰分列左右，导弹艇在前引导。进港时，鸣放国家礼炮21响，所有驻泊在码头的舰艇悬挂满旗，舰员在甲板上分区列队，并高呼：“中巴友谊万岁!”离码头时，又破例施放了21响礼炮，并派出上述三艘舰艇悬挂代满旗送出领海线，表现出了中巴两国海军的特殊友谊。

小资料——海上补给旗

出访舰艇编队航行一段时间后，需要进行油水补给，补给分横向和纵向两种。无论哪种方式补给，都要挂信号旗，表示补给过程中的各种命令和补给动作。接收舰和补给舰都要挂旗组“VP”，同时在另一桅边挂球形、菱形、球形3个形体信号，表示舰艇操纵受限，向过往的船只说明：“我船正在进行补给作业，请注意安全。”升降旗的步骤与向左转向基本相同。跨越领海线、赤道旗语出访舰艇编队跨越领海线、赤道时，为了激发出访官兵的出访热情，一般要组织宣誓仪式，同时要挂航行代满旗。航行代满旗是在两桅上悬挂国旗，舰首、舰尾旗杆上不挂海军旗。

手旗旗语

手旗旗语也是一种海上通信方式，适用于白天、距离较近且视距良好的情况下。夜间距离较近时，一般使用灯光通信。手旗是一种方形旗，面积较小，根部套有一根木棍。手旗通信需要使用两面旗子，信号兵每手各持一面旗子，站在舷边较高较突出的部位，通过旗子相对于身体的不同位置，表达着不同的字母和符号。例如，左手垂直举起，右手平行伸出表示“P”；右手垂直举起，左手平行伸出表示“J”；两手平行伸出表示“R”；两手垂直举起表示隔音。几个拼音字母组成一个字，若干个字组成一个意思。手旗还可以为本舰（船）放下的小艇指示方向，靠离外国码头前、后的旗语。

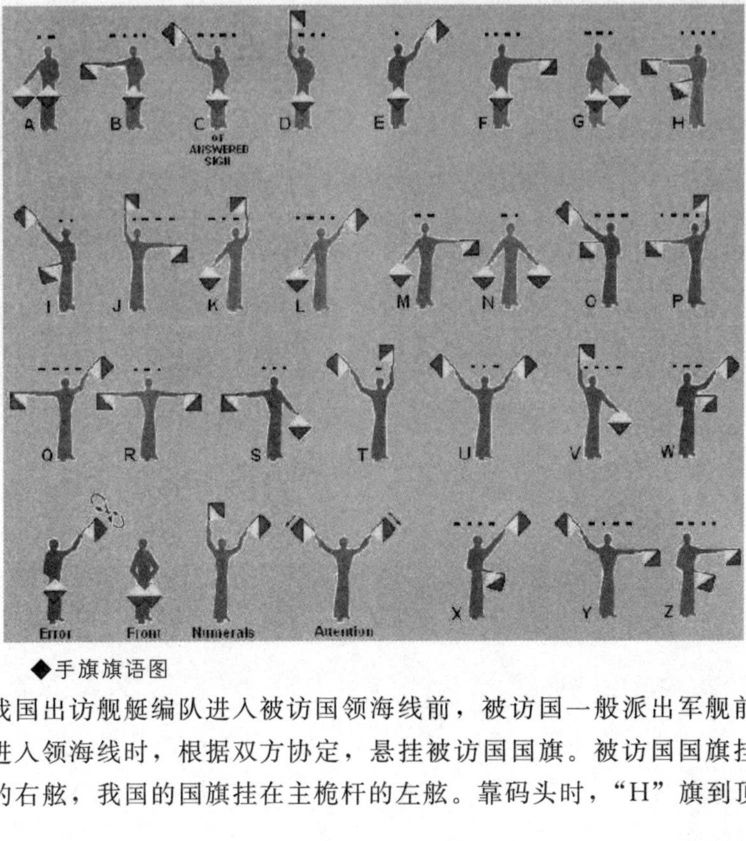

◆手旗旗语图

我国出访舰艇编队进入被访国领海线前，被访国一般派出军舰前来迎接。进入领海线时，根据双方协定，悬挂被访国国旗。被访国国旗挂在主桅杆的右舷，我国的国旗挂在主桅杆的左舷。靠码头时，“H”旗到顶，表示“开始靠码头”；带上第一根缆时，“H”旗降下。“H”旗是方形旗，纵向白、红各占一半，意思是：“我已靠码头完毕。”带上第一根缆时，开始挂满旗和舰首、舰尾的海军旗。如被访国军舰挂出欢迎旗，我国应挂出感谢旗组表示感谢，离码头时与在我国离码头时一样。在国外访问期间，一般来说，每天都要安排隆重升旗，在升起双方国旗的同时升起满旗。

拓展思考

1. 你认识多少种旗语？
2. 赛车旗语和航海旗语有什么区别？
3. 你会几种手旗旗语？
4. 你知道为什么军舰相遇不打旗语吗？

水中蛟龙——潜水艇

◆鲨鱼潜水艇

18世纪70年代，美国人戴维·布什内尔建成一艘单人操纵的木壳艇“海龟”号，通过脚踏阀门向水舱注水，可使艇潜至水下6米，能在水下停留约30分钟。艇上装有两个手摇曲柄螺旋桨，使艇获得3节左右的速度和操纵艇的升降。艇内有手操压力水泵，排出水舱内的水，使艇上浮。艇外携一个能用定时引信引爆的炸药包，可在艇内操纵系放于敌舰底部。18世纪末到19世纪末是潜艇研制的重要时期。1801年，美国人富尔顿建造的“鹦鹉螺”号潜艇，艇体为铁架铜壳，艇长7米，携带两枚水雷，由4人操纵。水上采用折叠桅杆，以风帆为动力，水下采用手摇螺旋桨推进器推进。

潜水艇

潜艇是海军的主要舰种之一。它能潜入水下活动和作战，也称潜水艇。早期的潜艇只能潜入船只底部，安装炸药，破坏运输船舶之类的任务，而随着技术发展，现代的潜艇能利用水层掩护进行隐蔽活动和对敌方实施突然袭击，并且拥有较大的自给力、续航力和作战半径，可远离基地，在较长时间和较大海洋区域以至深入敌方海区独立作战。潜艇的攻击威力相当大，能在水下发射导弹、鱼雷和布设水雷，攻击海上和陆上目标。对于现代化的海战而言，潜艇具有举足轻重的地位。它能够起到对陆上战略目标实施核袭击，摧毁敌方军事、政治、经济中心；消灭运输舰船，破坏敌方海上交通线；攻击大中型水面舰艇和潜艇；执行布雷、侦察、救援和遣送特种人员登陆等作用。但潜艇也有其自身的弱点，包括自卫能力差，缺少有效的对空防御武器；水下通信联络较困难，不易实现双向、及时、远距离的通信；探测设备作用距离较近，观察范围受限，掌握敌方情况比较困难；常规动力潜艇水下航速较低，充电时须处于通气管航行状态，易于暴露。

◆早期潜艇图纸

◆海豚潜艇

一般双壳潜艇艇体分内壳和外壳，内壳是钢制的耐压艇体，保证潜艇在水下活动时，能承受与深度相对应的静水压力；外壳是钢制的非耐压艇体，不承受海水压力。内壳与外壳之间是主压载水舱和燃油舱等。潜艇艇体多呈流线型，以减少水下运动时的阻力，保证潜艇有良好的操纵性。耐压艇体内通常分隔成3～8个密封舱室，舱室内设置有操纵指挥部位及武器、设备、装置、各种系统和艇员生活设施

◆法国核潜艇

◆亚特兰提斯潜水艇

◆潜水艇透视图

等，以保证艇员正常工作、生活和实施战斗。艇体中部有耐压的指挥室和非耐压的水上指挥舰桥。在指挥室及其围壳内，布置有可在潜望深度工作的潜望镜、通气管及无线电通信、雷达、雷达侦察告警接收机、无线电定向仪等天线的升降装置。潜水艇操作系统用于实现潜艇下潜上浮，水下均衡，保持和变换航向、深度等。潜艇主压载水舱注满水时，增加重量抵消其储备浮力，即从水面潜入水下，用压缩空气把主压载水舱内的水排出，重量减小，储备浮力恢复，即从水下浮出水面。艇内设有专门的浮力调整水舱，用于注入或排出适量的水，以调整因物资、弹药的消耗和海水密度的改变而引起的潜艇水下浮力的变化。艇首、艇尾还设有纵倾平衡水舱，通过调整首、尾平衡水舱水量以消除潜艇在水下可能产生的纵倾。艇首（或指挥室围壳处）和尾部各设有一对水平升降舵，用以操纵潜艇变换和保持所需要的潜航深度。艇尾装有螺旋桨和方向舵，保证潜艇航行和变换航向。

链接——朝鲜小型潜艇

朝鲜“山高”级潜艇可谓当代全球最神秘的潜艇之一。“山高”级潜艇是在前南斯拉夫潜艇以及朝鲜自主建造的R级潜艇的基础上设计建造的。据报道，

◆朝鲜小型潜艇

1996年9月17日，一艘朝鲜海军“山高”级潜艇在距离韩国汉城（今称首尔）以东约160千米处的江陵市附近海滩搁浅，艇上26名乘员在试图移动潜艇却没有成功的情况下带上所有可能携带的武器弃艇登陆。韩国警方直到发现这艘被遗弃的潜艇才得知朝鲜的渗透行动，由此展开了长达一个半月的追捕行动，在付出10余名军警伤亡的代价后才控制住所有朝鲜渗透人员，后来得知这些人的作战目的是为了刺杀韩国政府高级官员。微型潜艇的作战行动并没有成功，但足以说明微型潜艇在实施近海特种作战任务中的突出能力。

战斗吧，潜艇

◆潜水艇在攻击

潜艇由于能够潜入海水之中，隐蔽性非常好，使得潜艇成为现代航母的主要对手。它突击威力大，独立作战能力强，在海战中，常常发挥出意料之外的威力。在潜艇攻击航母的作战行动时，要选择隐蔽性好、机动性强、突击威力大的潜艇，如常规动力飞航导弹潜艇、远程鱼雷潜艇、低噪声的潜艇和核动力鱼雷潜艇等。要慎重确定打击航母编队的海域和时机，潜伏在航母编队最有可能活动的海域或必经之地；在航母进行飞机放飞和接收时或综合补给船为航母补给时以及海上气象条件恶劣时选择突击。例如，在第二次世界大战前击沉的42艘航母中，潜艇击沉的航母为17艘，其中潜艇单独击沉15艘，和航空兵协同击沉2

◆潜艇对空发射导弹

艘；被击伤的38艘航母中，由潜艇击伤的为9艘。20世纪70年代中期，在地中海的一次多国联合演习中，埃及常规动力潜艇成功地突破了美国航母编队的直接警戒，抵达高航母很近的距离实施了潜望镜侦察照相，而航母及其警戒兵力竟无一发现。20世纪80年代中期，苏联的一艘攻击型核潜艇在日本海长时间对美军“小鹰”号航母进行跟踪，因抵近距离太近，而造成潜艇与航母相撞，直到苏联潜艇被迫浮出水面，美国航母才发现了对方。又如在英国和阿根廷的海战中，英国的“征服者”号核动力攻击型潜艇一举击沉两艘反潜驱逐舰护航的阿根廷大型巡洋舰，这也是核动力潜艇问世以来的首次成功战例，证明了核动力潜艇具有攻击大型舰艇的威力。尽管反潜艇技术逐日发展，但是海水仍是潜艇隐蔽的有效屏障，这使得潜艇逐渐代替各种大型战列舰，成为海战中的主要战力。

拓展思考

1. 注意观察水中的事物，说说潜水艇是如何潜入水中的。
2. 潜水艇和海船有什么区别？
3. 核潜艇和普通潜水艇有什么区别吗？
4. 你能说说潜水艇在战争发挥着什么样的作用吗？